AF132156

Bibliografische Information der Deutschen Nationalbibliothek:

Die Deutsche Nationalbibliothek verzeichnet diese Publikation in der Deutschen Nationalbibliografie; detaillierte bibliografische Daten sind im Internet über http://dnb.d-nb.de abrufbar.

Jana Christelle Stamm

Japanische Unternehmenskultur im Wandel?

Der Einfluss der Wirtschaftskrise in den 1990er Jahren auf japanische Großunternehmen

2014

Abstract

Ziel dieser Arbeit ist die Untersuchung der Entwicklung japanischer Unternehmenskultur seit den 90er Jahren. Die Forschungsfrage, die dabei im Mittelpunkt
steht, lautet: Wie hat sich Unternehmenskultur japanischer Großunternehmen im
Zusammenhang mit der aufgetretenen Wirtschaftskrise seit den 90er Jahren
entwickelt und wie wird sie sich voraussichtlich weiterentwickeln? Welche
Tendenzen sind zu erkennen? Es soll dabei beleuchtet werden, ob sich traditio-
nelle, in der Kultur verwurzelten Praktiken und Rituale der Unternehmenskultur
noch heute weiterhin finden oder ob sich bestimmte Aspekte verändert haben.
Anhand von teilstrukturierten Interviews mit Mitarbeitern japanischer Großunternehmen soll ein Einblick in die aktuelle Unternehmenskultur ihrer Firmen
gegeben werden, um daraufhin Annahmen über den Einfluss der Wirtschaftskrise der 90er Jahre zu treffen. Die Aussagen der japanischen Mitarbeiter wurden
in dieser Arbeit mit Hilfe eines Expertengesprächs durch die Meinung eines
Wissenschaftlers, dessen Spezialgebiet die japanische Wirtschaft und japanische
Unternehmen sind, erweitert. Viele Aspekte japanischer Unternehmenskultur
konnten in der Unternehmenskultur der Befragten ausgemacht werden. Nach der
Auswertung der Ergebnisse kann demnach tendenziell davon ausgegangen werden, dass die Unternehmenskultur japanischer Unternehmen stark ausgeprägt ist
und die Wirtschaftskrise der 90er Jahre nur wenig Einfluss auf die Unternehmenskultur ausübte.

The aim of this paper is to take a closer look at Japanese corporate culture of
large firms and its development since the economic crisis of the 90´s. The cen-
tral research question of this paper is: How has corporate culture of Japanese
large firms developed considering the economic crisis of the 90´s and which are
probable tendencies for the future? Answering this question, the idea is to exam-
ine which traditional aspects of Japanese corporate culture can still be found in
major enterprises today and which aspects have disappeared or changed due to
the crisis of the 90´s. With the help of part-structured interviews with employees
of large Japanese firms in Japan it turned out, that most of the traditional aspects
of Japanese corporate culture can still be found in their companies today. After
interpreting the results of the interviews it can be assumed, that the corporate
culture of Japanese large firms is of great strength and that the economic crisis
of the 90´s did not have a greater influence on it.

Inhaltsverzeichnis

Begriffsdefinitionen

MITI	Ministerium für Internationalen Handel und Industrie
Zaibatsu	Japanischer Begriff für Holdinggesellschaften im Familienbesitz; wurden nach dem Zweiten Weltkrieg aufgelöst
Keiretsu	Bezeichnet in Japan wirtschaftliche Verbundsgruppen
Kaisha	Japanischer Begriff für Großunternehmen
Karoshi	Japanischer Begriff für Tod durch Überarbeitung
Ringisho	Bezeichnet in Japan ein Dokument, was bei der Entscheidungsfindung verwendet wird
Senpai	Bezeichnet im Japanischen eine Person, die länger zu einer Organisation gehört, als man selbst; dies hat hierarchisch gesehen Vorrang vor dem Lebensalter

Einleitung

Während meiner Reise durch Japan im Jahr 2011 wurde mir erstmalig die Einzigartigkeit der japanischen Kultur vor Augen geführt. Ich war fasziniert von der Andersartigkeit des Alltags in Japan und der japanischen Kultur. Während ich auf der Reise Literatur zu Japans Geschichte und Gesellschaft las, stieß ich auf die Besonderheit japanischer Unternehmenskultur. Die Literatur stammte aus den 90er Jahren und ich fragte mich, ob sich in der Zwischenzeit diesbezüglich vielleicht schon einiges verändert hatte.

Alle Unternehmen haben eine Unternehmenskultur. Wobei manche eine stärker ausgeprägte Unternehmenskultur aufweisen als andere. Diese Kulturen innerhalb der Firmen können Individuen und ihre Leistung enorm beeinflussen. Vor allem durch die wettbewerbsintensiven Märkte, in denen Unternehmen heutzutage agieren müssen, kann Unternehmenskultur vielleicht sogar als weitaus wichtiger für Erfolg erachtet werden, als bisher angenommen.[1] Vor allem in den 80er Jahren bestand allgemein großes Interesse an der Untersuchung von Unternehmenskultur, speziell der von japanischen Unternehmen, da diese seinerzeit mit ihren Produkten die Weltmärkte überschwemmten und Japan mit seinen Unternehmen als Wirtschaftsmacht eine Herausforderung für alle anderen Industriestaaten und ihre Märkte darstellte.[2] Während Japan Ende des Zweiten Weltkrieges noch ein Entwicklungsland mit starker Ausprägung des Primärsektors war[3], entwickelte sich das Land in kurzer Zeit zu einer der führenden Wirtschaftsmächte und zählt bis heute zu den drei wichtigsten Wirtschaftsnationen weltweit.[4] Die Vermutung lag nahe, dass die stark ausgeprägte Unternehmenskultur japanischer Unternehmen einen erheblichen Anteil an diesem Erfolg hat.[5]

[1] Vgl. KOTTER, John P; HESKETT, James L.: *Corporate culture and performance.* New York: The Free Press, 1992, S. 9.

[2] SCHULTZ, Fredericke: *Moral – Kommunikation – Organisation, Funktionen und Implikationen normativer Konzepte und Theorien des 20. Und 21. Jahrhunderts.* Wiesbaden: Springer Verlag, 2011, S. 240 f.

[3] Vgl. HEMMER, Martin; LÜTZELER, Ralph: *Landeskunde und wirtschaftliche Entwicklung seit 1945* in *Die Wirtschaft Japans, Strukturen zwischen Kontinuität und Wandel.* Berlin: Springer Verlag, 1998, S. 13.

[4] Vgl. STOCKER, Frank: *Rangliste der Wirtschaftsnationen sortiert sich neu.* Die Welt online, 13. März 2012, Abgerufen am 10.1.2014.

[5] Vgl. RESZAT, Beate: *Binnenwirtschaft, Industrie- und Wirtschaftsstruktur: Charakteristka und Problemfelder.*In: *Länderbericht Japan, Geographie, Geschichte, Politik, Wirtschaft, Gesellschaft, Kultur.* MAYER, Hans-Jürgen; POHL, Manfred (Hrsg .), Darmstadt: Wissenschaftliche Buchgesellschaft, 1995, S. 257.

In den 90er Jahren erlitt die japanische Wirtschaft jedoch eine schwere Krise, die lange anhielt.

Die 90er Jahre wurden deswegen auch als „verlorenes Jahrzehnt" bezeichnet.[6] Die schwere Krise der japanischen Wirtschaft führte allgemein zu weniger Popularität in der Untersuchung von Unternehmenskultur in Japan.[7] Insbesondere zu dem Thema der Entwicklung japanischer Unternehmenskultur lässt sich in der wissenschaftlichen Literatur nur wenig finden. Nennenswert an dieser Stelle sind jedoch die Bücher „Personalwirtschaftlicher Wandel in Japan"[8] und „Arbeitswelten in Japan"[9], die den Einfluss des gesellschaftlichen Wertewandels in Japan auf die japanische Unternehmenskultur untersuchen.

Ziel dieser Arbeit ist es, die Entwicklung japanischer Unternehmenskultur seit den 90er Jahren zu untersuchen. Die Forschungsfrage, die dabei im Mittelpunkt steht lautet: Wie hat sich die Unternehmenskultur japanischer Großunternehmen im Zusammenhang mit der langanhaltenden Wirtschaftskrise in den 90er Jahren entwickelt und wie wird sie sich weiterentwickeln? Dabei soll aufgezeigt werden, welche traditionellen Praktiken und Rituale der Unternehmenskultur noch heute zu finden sind und welche Aspekte sich aufgrund der Wirtschaftskrise in den 90er Jahren verändert haben.

Um den Zusammenhang zwischen wirtschaftlicher Entwicklung in Japan und der Unternehmenskultur japanischer Großunternehmen herzustellen, soll im theoretischen Teil zunächst ein kurzer Überblick über die Entwicklung der Wirtschaft in Japan seit dem Zweiten Weltkrieg gegeben und Besonderheiten der japanischen Wirtschaft herausgestellt werden. Im zweiten Teil werden allgemeine, theoretische Grundlagen zur Unternehmenskultur erarbeitet, um anschließend zentrale Merkmale der Unternehmenskultur japanischer Großunternehmen, wie sie in der Literatur vor und während der Krise genannt werden aufzuzeigen.

---

[6] Vgl. BURGSCHWEIGER, Nadine: *Wirtschaft, Rezession, Transformation und Konjunkturerholung* in *Japan – Land und Leute, Geographie und Geschichte, Politik und Wirtschaft, Kultur und Gesellschaft.* HAASCH, Günther (Hrsg.), Berlin: Berliner Wissenschaftsverlag, 2003, S. 103.

[7] Vgl. GOYDKE, Tim T (Hrsg.); et al.: *Corporate Culture in China and Japan.* Münster: MV Wissenschaft, 2010, S. 2f.

[8] DOROW, Wolfgang; GROENEWALD, Horst (Hrsg.): *Personalwirtschaftlicher Wandel in Japan, Gesellschaftlicher Wertewandel und Folgen für die Unternehmungskultur und Mitarbeiterführung.* Wiesbaden: Gabler Verlag, 2003.

[9] HAACK, Rene (Hrsg.): *Arbeitswelten in Japan.* Deutsches Institut für Japanstudien, München: Iudicium Verlag, 2006.

Auf den theoretischen Teil aufbauend soll durch teilstrukturierte Expertenge-spräche mit japanischen Mitarbeitern von Großunternehmen in Japan und einem deutschen Wissenschaftler, der sich intensiv mit japanischer Wirtschaft und Un-ternehmen in Japan beschäftigt hat, untersucht werden, wie sich die Unterneh-menskultur in den jeweiligen Unternehmen bis heute entwickelt hat.

Es soll herausgefunden werden, welche Merkmale der japanischen Unterneh-menskultur immer noch relevant sind, welche Aspekte sich aufgrund der Wirt-schaftskrise in den 90er Jahren verändert haben und vielleicht auch weiterhin verändern werden.

Durch eine qualitative Befragung der aktuellen Situation können erste Annah-men über mögliche Einflussfaktoren der Wirtschaftskrise in den 90er Jahren auf die japanische Unternehmenskultur getroffen werden. Mit dieser Methode ist es nicht möglich allgemeingültige Aussagen zu treffen. Vielmehr soll ein Einblick in die Entwicklung von Unternehmenskultur einzelner japanischer Großunter-nehmen gewährt werden. Bei der Auswertung der Ergebnisse werden Hypothe-sen für die weitere Forschung aufgestellt und mögliche Tendenzen für die zu-künftige Entwicklung japanischer Unternehmenskultur aufgezeigt.

1. Die japanische Wirtschaft

1.1 Entwicklung der japanischen Wirtschaft

1.1.1 Entwicklung der japanischen Wirtschaft seit dem Zweiten Weltkrieg

Japan, ein aus hauptsächlich vier Hauptinseln bestehendes Archipel vor der Ostküste des asiatischen Kontinents, ist durch Rohstoffarmut gekennzeichnet und besitzt aufgrund der überwiegend gebirgigen Oberflächenstruktur verhältnismäßig wenig fruchtbare und bewohnbare Landfläche. Dies stellt unter anderem einen der Gründe für den aggressiven Expansionsversuch Japans während des Zweiten Weltkriegs dar.[10] Nach dem Sieg der Alliierten über Japan im Zweiten Weltkrieg befand sich das Land in schwierigen Verhältnissen und sollte von den Amerikanern wieder aufgebaut und im amerikanischen Stil demokratisiert werden. Die Intention der Amerikaner war dabei, dass Japan den Amerikanern im Kampf gegen den Kommunismus, ebenso wie Deutschland, als wichtiger, strategischer Standpunkt dienen sollte – räumlich wie auch wirtschaftlich. Wirtschaftlich entscheidend waren vor allem die Bodenreform, die das Ende des Großgrundbesitzes bedeutete, sowie neue Regelungen zum Arbeitgeber-Arbeitnehmer Verhältnis, die unter anderem ein Streik- und Koalitionsrecht beinhalteten und die Zerschlagung der Zaibatsu beabsichtigten.[11]

Zaibatsu, wörtlich „vermögender Klan", bezeichnet japanische Konglomerate mit abhängigen und verflochtenen Beziehungen untereinander, die meist von nur einer Familie geführt wurden. Zu den vier größten und einflussreichsten Zaibatsu zählten Mitsubishi, Mitsui, Yasuda und Sumitomo.[12] Die Zaibatsu wurden nach dem Zweiten Weltkrieg von den Amerikanern durch ihre engen Beziehungen zu politischen Parteien vor und während des Krieges als Mitverantwortliche für den Krieg gesehen und standen aus ihrer Sicht einer freien Marktwirtschaft nach westlicher Vorstellung im Wege. Die Zerschlagung der Zaibatsu war jedoch wenig erfolgreich.

---

[10] Vgl. HEMMER, Martin; LÜTZELER, Ralph: *Landeskunde und wirtschaftliche Entwicklung seit 1945.*In: *Die Wirtschaft Japans, Strukturen zwischen Kontinuität und Wandel.* Deutsches Institut für Japanstudien (Hrsg.), Berlin: Springer Verlag, 1998, S. 2 f.

[11] Vgl. KEVENHÖRSTER, Paul; PASCHA, Werner; SHIRE, Karen A.: *Japan, Wirtschaft-Gesellschaft-Politik.*Opladen: Leske+Budrich, 2003, S. 41 f.

[12] Vgl. FLATH, David: *The Japanese Economy.* 2. Aufl. New York: Oxford University Press, 2005, S. 46.

Zwar wurde ein Teil der Familien von Zaibatsu-Unternehmen enteignet, Managementpersonal entlassen und Unternehmensanteile verkauft, jedoch die weiterhin enge Zusammenarbeit einstiger Zaibatsu Mitglieder als lockere Unternehmensgruppen konnte nicht unterbunden werden.[13] Vielmehr führten diese Maßnahmen zur langfristigen Stärkung der staatlichen Einflussnahme auf wirtschaftliche Aktivitäten und verhinderten so den Aufbau einer freien Marktwirtschaft.[14] Der Wiederaufbau Japans fand somit unter Beibehaltung der alten Strukturen statt. Die wichtigsten Kriegsinstitutionen überlebten den Zweiten Weltkrieg fast vollständig.[15]

Bis heute sind es in der japanischen Wirtschaft einige wenige Großkonzerne die das wirtschaftliche Geschehen stark beeinflussen und eng miteinander vernetzt sind. Diese Konzerne besitzen einen Großteil an Aktienanteilen voneinander, gehören sich dementsprechend also gegenseitig und bilden durch gegenseitige Produktions- und Distributionsverbünde Horizontal- und Vertikalgruppen. Diese wirtschaftlichen Verbundgruppen werden im Japanischen als Keiretsu bezeichnet. Sie sind informell gesehen die Nachfolger der Zaibatsu und bis heute wesentliches und besonderes Merkmal der japanischen Wirtschaft. Die Manager dieser Verbundgruppen arbeiten eng zusammen, tauschen Personal zwischen den Unternehmen aus und betreiben Technologietransfer untereinander. Die größten Banken und Versicherungen Japans sind Teil dieser Verbundgruppen und gewähren den Unternehmen günstige Finanzierungsmöglichkeiten. Die Unternehmensmanager treffen sich regelmäßig um gemeinsame Strategien zu entwickeln, sich abzusprechen und gemeinsam in neue Projekte zu investieren.[16] Die jahrelange, intensive Zusammenarbeit dieser Unternehmen basiert auf lang aufgebautem Vertrauen und gegenseitiger Abhängigkeit.[17] Durch diese Art der

---

[13] Vgl. FLATH, D. 2005, S. 75.

[14] Vgl. KEVENHÖRSTER, P.; PASCHA, W.; SHIRE, K.A. 2003, S. 42.

[15] Vgl. FINSTERBUSCH, Stephan: *Historische Finanzkrisen: Japan 1990, Börsenkrach im Zeichen der orakelnden Kröte.* Frankfurter Allgemeine online, 7. Juli 2008, http://www.faz.net/aktuell/finanzen/fonds-mehr/historische-finanzkrisen-japan-1990-boersenkrach-im-zeichen-der-orakelnden-kroete-1279852.html, Abgerufen am 10.1.2014.

[16] Vgl. ELI, Max: *Die Bedeutung wirtschaftlicher Verbundgruppen: Netzwerkstruktur und Keiretsu-Effekt.* In *Länderbericht Japan – Geographie, Geschichte, Politik, Wirtschaft, Gesellschaft, Kultur.* MAYER, Hans Jürgen; POHL, Manfred (Hrsg.), Darmstadt: Wissenschaftliche Buchgesellschaft, 1995, S. 265 f.

[17] Vgl. BLACK, J. Stewart; MORRISON, Allen J.: *Sunset in the Land of the rising Sung – Why Japanese multinational corporations will struggle in the global future.* New York: Insead Business Press, 2010, S. 23.

Unternehmensvernetzung entstanden für die jeweiligen Firmen enorme Vorteile, die sie später auch im internationalen Wettbewerb für sich nutzten. Sie konnten langfristig planen, technische und finanzielle Ressourcen teilen, gemeinsam investieren und dadurch unternehmerisches Risiko streuen. Durch derartige Vernetzung der großen Unternehmen untereinander konnten Importe und Investitionen aus dem Ausland weitestgehend verhindert werden. Die gegenseitige Beteiligung wurde auf diese Weise als Schutzwall gegen ausländische Investoren genutzt. In einem solchen System besteht gegenseitige Abhängigkeit und Harmonie wird zur Notwendigkeit.[18]

Auch die bewusste Einflussnahme des Staates in das wirtschaftliche Vorgehen war besonders in den ersten Jahrzehnten nach dem Ende des Zweiten Weltkriegs ein Charakteristikum der japanischen Wirtschaft. Hochgestellte Beamte, Politiker und Unternehmensmanager arbeiteten intensiv zusammen. Nach dem Zweiten Weltkrieg griff der Staat über das MITI, das Ministerium für Internationalen Handel und Industrie, heute Ministerium für Wirtschaft, Handel und Industrie, gezielt in wirtschaftliche Aktivitäten ein und steuerte den allgemeinen Wirtschaftsablauf.[19] Das MITI förderte vor allem den Aufbau der Schwerindustrie in den 50ern und den Import von Technologien. 1949 gründete das MITI die japanische Förderbank, die Unternehmen günstige Finanzierungsmöglichkeiten anbot und somit dem Land zum wirtschaftlichen Aufschwung verhalf.[20] Eine Vielzahl von Faktoren führte in den nächsten Jahrzehnten zu einem Wirtschaftswunder in Japan. Zunächst waren eine strikte Geldpolitik, ein einheitlich fester Wechselkurs des Yen, sowie eine sparsame Haushaltsführung wichtige Elemente zur Stabilisierung der Wirtschaft und dem darauffolgenden Aufschwung. Nach dem Ende der amerikanischen Besatzungszeit in Japan, begann 1950 der Korea-Krieg, der drei Jahre anhielt. Dies führte dazu, dass Japan enorme Produktionsaufträge von den USA erhielt. Ferner wurden 1947 globale Handelsabkommen geschlossen, die den internationalen Handel erleichtern sollten. Die globalen Handelsabkommen stellten für Japan eine wichtige Voraussetzung für den Export und die damit zusammenhängenden, wirtschaftlichen Erfolge dar. Hohe Investitionsraten, Risikobereitschaft und liquide Finanzmärkte waren weitere Aspekte, die zum wirtschaftlichen Aufschwung beitrugen. Während der

[18] Vgl. ELI, M. 1995, S. 275 f.

[19] Vgl. ebd. 1995, S. 259 f.

[20] Vgl. BLACK, J.S.; MORRISON, A.J., 2010, S. 23.

50er und 60er Jahre begann dadurch in Japan wirtschaftlich gesehen eine Hochwachstumsphase, die bis in die 70er Jahre anhalten sollte.[21]

In dieser Zeit entwickelte sich Japan zu einer der wichtigsten Wirtschaftsmächte weltweit und japanische Unternehmen wurden Marktführer in vielen Branchen.[22] Auch aus struktureller Perspektive begannen einige Veränderungen in der Wirtschaft Japans. Noch bis in die 50er Jahre war ein Großteil der Erwerbstätigen in Japan im Agrarsektor tätig. Etwa die Hälfte der japanischen Beschäftigten arbeitete in der Landwirtschaft. Dementsprechend war die japanische Wirtschaft zu dieser Zeit vor allem durch den Primärsektor geprägt. In den nächsten Jahren wandelte sich dies von überwiegender Urproduktion hin zu immer mehr Ausprägung im Bereich der produzierenden Industrie wie auch der Dienstleistungen.[23]

1.1.2 Die wirtschaftliche Krise – Ölkrisen, Bubble economy und wirtschaftliche Stagnation

In den 70er Jahren erlitt die japanische Wirtschaft im Zusammenhang mit der ersten und zweiten Ölkrise, wie auch der Yen-Aufwertung Mitte der 80er Jahre ihre ersten Krisen, die zu geringeren Wachstumsraten des Bruttoinlandprodukts führten. Im Vergleich zu den Wachstumsraten anderer, führender Wirtschaftsnationen war die durchschnittliche Wachstumsrate von 4 Prozent jedoch immer noch beachtlich.[24]

Um das Wirtschaftswachstum in Japan weiterhin aufrechterhalten zu können, versuchte die Regierung mit Hilfe von Deregulierung der Finanzmärkte und günstigen Krediten die Binnenwirtschaft anzuregen, da die Exportzahlen durch den starken Yen zurückgingen. Durch günstige Kredite wurde der Kauf von Aktien und Immobilien für viele Unternehmen interessant, die sich durch Immobilien eine sichere Wertanlage angesichts der aktuellen Krise erhofften. Die Immobilienwerte und Grundstückwerte stiegen in dieser Zeit kontinuierlich. Die

---

[21] Vgl. KEVENHÖRSTER, P.; PASCHA, W.; SHIRE, K.A, 2003, S. 42 f.

[22] Vgl. HAASCH, Günther: *Geschichte, Vom Korea-Krieg bis zum Platzen der Bubble economy*. In: *Japan-Land und Leute, Geographie und Geschichte, Politik und Wirtschaft, Kultur und Gesellschaft*. HAASCH, Günther (Hrsg.), et al., Berlin: Berliner Wissenschaftsverlag, 2011, S. 58.

[23] Vgl. HEMMERT, M; LÜTZELER, R., 1998, S. 13.

[24] Vgl. KEVENHÖRSTER, P.; PASCHA, W.; SHIRE, K.A. 2003, S. 45.

Unternehmen, die weiterhin Immobilien und Grundstücke aufkauften, gewannen dadurch an immer mehr Unternehmenswert.[25]

1985 begann damit in Japan die Zeit der Bubble economy. Schlagzeilen wie, dass der Platz des Kaiserpalasts in Tokyo Ende der 80er Jahre wertvoller als ganz Frankreich geschätzt wurde, sorgten international für viel Furore. Der starke Yen bewirkte auch, dass es für japanische Unternehmen und Einzelpersonen äußerst günstig war ausländische Vermögensgegenstände aufzukaufen, was dann auch geschah.[26] Parallel zur wirtschaftlichen Entwicklung im Land wurden jedoch auch immer wieder Skandale aufgedeckt, die korrupte Verbindungen zwischen Politikern und großen Unternehmen offenlegten. Angesichts dessen verloren japanische Politiker und Unternehmen immer mehr an Vertrauen innerhalb der japanischen Gesellschaft. 1990 platzte dann die Blase. Aktienwerte sanken drastisch und Bodenpreise halbierten sich. Viele Unternehmen sahen sich gezwungen Insolvenz anzumelden.[27] In den folgenden Jahren kam es durch das rapide Sinken der Aktienwerte zum Zusammenbruch des Finanzsektors. Mehrere Großbanken, Kreditgenossenschaften und Hypothekenfinanzierer gingen Pleite. Es begann in Japan durch die Bankenkrise eine Wirtschaftskrise und anschließend eine lange Zeit der Deflation und Depression.[28] Die Zeit von 1992 bis 2002 wurde deswegen auch als „Verlorenes Jahrzehnt" bezeichnet.[29]

Die anhaltende Stagnation in der Wirtschaft wirkte sich unter anderem auch auf den Arbeitsmarkt aus. In Japan wurde 2001 mit einer Quote von fünf Prozent der höchste Stand der Arbeitslosigkeit seit dem Zweiten Weltkrieg gemeldet.[30] Seit 1990 nehmen nicht-reguläre Beschäftigungsverhältnisse in Japan immer

---

[25] Vgl. ebd. S. 47 f.

[26] Vgl. JOHNSTON, Eric: *Japan´s bubble economy, Lessons from when the bubble burst* in: The Japan Times, 6. Januar 2009, http://www.japantimes.co.jp/news/2009/01/06/news/lessons-from-when-the-bubble-burst/#.UsBvU_TuK5I, Abgerufen am 21.10.2013.

[27] Vgl. KEVENHÖRSTER, P.; PASCHA, W.; SHIRE, K.A. 2003, S. 48 ff.

[28] Vgl. FINSTERBUSCH, Stephan: *Historische Finanzkrisen: Japan 1990, Börsenkrach im Zeichen der orakelnden Kröte*. Frankfurter Allgemeine online, 7. Juli 2008, http://www.faz.net/aktuell/finanzen/fonds-mehr/historische-finanzkrisen-japan-1990-boersenkrach-im-zeichen-der-orakelnden-kroete-1279852.html, Abgerufen am 10.1.2014.

[29] Vgl. BURGSCHWEIGER, N., 2011, S. 103.

[30] Vgl. *Konjunktur, Arbeitslosigkeit in Japan auf Rekordhöhe*. Frankfurter Allgemeine online, 28. August 2001, http://www.faz.net/aktuell/wirtschaft/konjunktur-arbeitslosigkeit-in-japan-auf-rekordhoehe-131945.html Abgerufen am 10.1.2014.

mehr zu.[31] Aufgrund der wirtschaftlichen Krise vermehrten sich Sorgen um den Arbeitsplatz und die Alterssicherung in der japanischen Bevölkerung.[32] Japan befindet sich seit der Bubble economy immer wieder in wirtschaftlichen Krisen.[33]

Die Untersuchung eines möglichen Einflusses der Wirtschaftskrise von 1990 auf die japanische Unternehmenskultur von Großunternehmen ist deswegen besonders interessant, weil sie nicht so schnell überwunden wurde wie vorherige Krisen und ihre Auswirkungen noch zehn Jahre lang in Japan zu spüren waren. Aufgrund dessen ist zu vermuten, dass die lange Dauer der Krise einen Wandel der Unternehmenskultur zur Folge hat.

1.1.3 Die wirtschaftliche Situation Japans heute

Um die Wirtschaft anzukurbeln, verschuldet sich der japanische Staat immens und druckt gleichzeitig eine Unsumme an Geld, um japanische Waren im Ausland wieder günstiger zu machen.[34] Heute zählt Japan mit einer Staatsverschuldung von 240 Prozent zu den meist verschuldeten Ländern weltweit. Jedoch liegen die Schuldscheine hauptsächlich bei den japanischen Sparern, wodurch Japan lediglich einen kleinen Zinssatz zu zahlen hat.[35]

Durch staatliches Gelddrucken und finanzielle Hilfspakete konnte sich die japanische Wirtschaft in den letzten Monaten erholen und die Exportindustrie erzielte wieder erste Gewinne. All dies geschieht, wie auch in der Nachkriegszeit, durch starkes Eingreifen der Regierung, obwohl sich die Unternehmen mehr Deregulierung wünschen. Ob sich die derzeitigen wirtschaftlichen Erfolge langfristig halten, wird sich jedoch noch zeigen.[36] Prognosen zufolge soll die japanische

---

[31] Vgl. BURGSCHEIGER, N., 2011, S. 103.

[32] Vgl. KEVENHÖRSTER, P.; PASCHA, W.; SHIRE, K.A. 2003, S. 53.

[33] Vgl. LILL, Felix: *Staatsverschuldung, Japan steckt in der Deflatationsfalle.* Zeit online, 13. November 2012, http://www.zeit.de/wirtschaft/2012-11/japan-staatsschuld-rezession, Abgerufen am 6. Dezember 2013.

[34] Vgl. LILL, Felix: *Staatsverschuldung, Japan steckt in der Deflatationsfalle.* Zeit online, 13. November 2012, http://www.zeit.de/wirtschaft/2012-11/japan-staatsschuld-rezession, Abgerufen am 6. Dezember 2013.

[35] Vgl. ZSCHÄPITZ, Holger: *Japans Defizit erreicht unfassbare Dimensionen.* Die Welt online, 9. August 2013, http://www.welt.de/finanzen/article118869119/Japans-Defizit-erreicht-unfassbare-Dimension.html, Abgerufen am 6. Dezember 2013.

[36] Vgl. GERMIS, Carsten: *Export-Boom – Die Japan AG meldet sich zurück,* Frankfurter Allgemeine Zeitung online, 28.9.2013,

Bevölkerung bis zum Jahr 2060 wegen einer geringen Geburtenrate und gleichzeitiger Überalterung um ein Drittel schrumpfen. Die Folgen dieses demographischen Wandels wird die japanische Wirtschaft belasten und stellt Regierung und Unternehmen vor eine enorme Herausforderung.[37]

Bei der geschichtlichen Betrachtung der wirtschaftlichen Entwicklung in Japan seit dem Zweiten Weltkrieg lässt sich jedoch erkennen, dass Krisen immer wieder überwunden werden konnten. Japan hat seit den 50er Jahren ökonomisch gesehen enorme Strukturveränderungen durchlebt und dabei große Erfolge gezeigt. Dadurch wird deutlich, dass Japan eine hohe Anpassungsfähigkeit aufweist und die japanische Wirtschaft von einer hohen Dynamik geprägt ist.[38]

1.2 Besonderheiten der japanischen Wirtschaft

Die Wirtschaft in Japan hat eine Vielzahl von Charakteristiken, die sich von Volkswirtschaften anderer Industrienationen erheblich unterscheiden. Zunächst ist hier die ökonomische Ausgangslage des Landes zu erwähnen. Das von Rohstoffarmut gekennzeichnete Land Japan weist mit einer Fläche von 377 800 m² nahezu die gleiche Landfläche wie Deutschland auf.[39] Mit einer Einwohnerzahl von knapp 127 Mio. Menschen liegt Japan jedoch im Vergleich mit den bevölkerungsreichsten Länder der Welt auf Platz 10.[40] Aus diesem Grund birgt der japanische Binnenmarkt immenses Potenzial. Gleichzeitig führt die hohe Bevölkerungszahl zu einer ebenfalls hohen Zahl an Arbeitskräften[41], die sich in Japan vor allem durch einen sehr guten Bildungsstand auszeichnen.[42]

http://www.faz.net/aktuell/wirtschaft/wirtschaftspolitik/export-boom-die-japan-ag-meldet-sich-zurueck-12594706.html, Abgerufen am 27.10.2013.

[37] Vgl. GILLERT, Sonja: *Japans Bevölkerung stirbt langsam aus.* Die Welt online, 24. Juni 2013,   http://www.welt.de/politik/ausland/article117397916/Japans-Bevoelkerung-stirbt-langsam-aus.html, Abgerufen am 20.12.2013.

[38] Vgl. HEMMERT, M; LÜTZELER, R, 1998, S.16.

[39] Vgl. ebd. 1998, S. 2 f.

[40] Vgl. *Japans Bevölkerung im Länder Lexikon online*, http://www.laender-lexikon.de/Japan_(Bev%C3%B6lkerung), Abgerufen am 10.1.2014.

[41] Vgl. HEMMERT, M; LÜTZELER, R, 1998, S. 2 f.

[42] Vgl. RESZAT, B., 1995, S. 257 f.

Einen weiteren wichtigen Bestandteil der japanischen Wirtschaft bilden die bereits erwähnten Unternehmensgruppen, die sogenannten Keiretsu. Sie gehören zusammen mit der Politik und den Wirtschaftsministerien zum „eisernen Dreieck" der Wirtschaft Japans. Bis heute bündeln diese strategischen Verbundgruppen trotz der zahlreichen Wirtschaftskrisen entscheidungspolitische Macht, wodurch die japanische Wirtschaft Züge einer Planwirtschaft aufweist.[43] Die Keiretsu Unternehmen konnten durch ihre engen Verflechtungen und gegenseitigen Aktienbesitz den japanischen Markt über lange Zeit vor ausländischen Investoren schützen und wurden vom Ausland oft als Schutzwall empfunden.[44]

Einen weiteren, relevanten Aspekt, vor allem im Zusammenhang mit Unternehmenskultur, bilden die Sozialleistungen und die Wohlfahrt in Japan, die hauptsächlich intern von den Firmen übernommen werden. Vergleicht man die öffentlichen Sozialausgaben im Verhältnis zum Bruttosozialprodukt verschiedener hochentwickelter Industrienationen, fällt auf, dass Japan mit seinen Sozialausgaben weit hinter Deutschland und anderen Industrienationen liegt.[45] Den meisten Angestellten von Großunternehmen in Japan werden über das Unternehmen Firmenwohnungen gestellt. Es gibt in vielen Unternehmen betriebseigene Krankenhäuser und Erholungsstätten, die nur von Angestellten genutzt werden können. In solch einem System werden jedoch alle anderen, die nicht in einem Großunternehmen arbeiten von derartigen Leistungen ausgeschlossen.[46] Dieses Konzept der betrieblichen Wohlfahrt entstand in Japan bereits Ende des 19. Jahrhunderts, da zu dieser Zeit im Rahmen der Industrialisierung der Bedarf an Fachkräften enorm anstieg. Die Firmen hatten die Intention mit Hilfe von betrieblichen Zusatzleistungen attraktive Arbeitgeber zu sein. Nach dem Zweiten Weltkrieg herrschte in Japan erneut Fachkräftemangel, wodurch das System weiter beibehalten wurde und noch bis heute Gültigkeit besitzt.[47]

---

[43] Vgl. ROTHACHER, Albrecht: *Die Rückkehr der Samurai, Japans Wirtschaft nach der Krise.* Berlin: Springer Verlag, 2007, S. 42.

[44] Vgl. ELI, M. 1995, S. 275 f.

[45] Vgl. TRÄNHARDT, Anna M.: *Soziale Sicherung in Japan.* In *Länderbericht Japan, Geographie, Geschichte, Politik, Wirtschaft, Gesellschaft, Kultur.* MAYER, Hans Jürgen; POHL, Manfred (Hrsg.), Darmstadt: Wissenschaftliche Buchgesellschaft, 1995, S. 431 f.

[46] Vgl. OKUMURA, Hiroschi: *Japan und seine Unternehmen, Einführung in gegenwärtige Strukturprobleme.* München: Oldenbourg, 1998, S. 101.

[47] Vgl. TRÄNHARDT, A. 1995, S. 435 f.

Ein weiteres zentrales Merkmal der japanischen Wirtschaft ist paradoxerweise die hohe Sparquote des Landes. Demnach machen die Ersparnisse Japans knapp ein Drittel der weltweiten Ersparnisse aus. Diese hohen Rücklagen beziehen sich auf die Sparquoten von Haushalten, Unternehmen und Ersparnisse des Staates.[48] Durch diese immensen Summen an verfügbarem Kapital besitzt Japan wie auch seine Unternehmen einen entscheidenden Faktor für wirtschaftlichen Erfolg, der es ferner ermöglicht Investitionen zu tätigen und somit für wirtschaftliches Wachstum zu sorgen.[49] Der Import von Technologien sollte bei der Betrachtung des japanischen Wirtschaftssystems ebenfalls nicht außer Acht gelassen werden. Bereits ein Blick in die geschichtliche Entwicklung des Landes zeigt, dass das Aneignen von technologischen Kenntnissen und die Verwendung wissenschaftlicher Erkenntnisse schon früh von Japanern praktiziert wurden.

In den meisten Fällen wurde technisches Wissen aus dem Ausland importiert und in Japan weiterentwickelt, was vor allem in den 50er und 60er Jahren mitverantwortlich für die schnelle wirtschaftliche Entwicklung war. Bis heute sind große Investitionen der japanischen Industrie im Bereich der Forschung und Entwicklung von zentraler Bedeutung und wichtiger Antrieb im Innovationsbereich, was japanische Unternehmen weltweit besonders wettbewerbsfähig macht.[50]

---

[48] Vgl. ARGY, V.; STEIN L.: *The Japanese Economy, London,* 1997, zitiert nach *Japan - Wirtschaft, Gesellschaft, Politik,* KEVENHÖRSTER, P.; PASCHA, W.; SHIRE, K.A., 2003, S. 61.

[49] Vgl. KEVENHÖRSTER, P.; PASCHA, W.; SHIRE, K.A. 2003, S. 60.

[50] Vgl. KEVENHÖRSTER, P.; PASCHA, W.; SHIRE, K.A. 2003, S. 88ff.

2. Japanische Unternehmenskultur

2.1 Theoretische Grundlagen zur Unternehmenskultur

Unternehmenskultur und Kultur im Allgemeinen sind Phänomene, die unseren Alltag bestimmen. Geht es um die Kultur des Unternehmens, in dem man arbeitet oder um die Kultur der Gesellschaft, in der man lebt. Wir merken nicht, welche Verhaltensmuster und Werte so besonders sind und sich von kollektiven Verhaltensmustern anderer Gruppen unterscheiden. Erst bei der Erfahrung mit anderen Lebensstilen oder Unternehmenskulturen, erkennen wir die eigenen Werte, die unsere Kultur ausmachen.

Das Thema Unternehmenskultur begann vor allem in den 80er Jahren vermehrt Interesse zu wecken.[51] Dieses Interesse entstand vorwiegend bei westlichen Managern, für die der Erfolg japanischer Unternehmen eine Herausforderung darstellte[52] und deswegen von japanischen Managementpraktiken lernen wollten. Mit Hilfe der kulturvergleichenden Managementforschung begann man neue Aspekte des Managements in anderen Ländern zu untersuchen und versuchte herauszufinden, inwiefern ein Zusammenhang zwischen der Kultur einer Gesellschaft und der Kultur in Unternehmen besteht.[53] Im Folgenden soll das Phänomen Unternehmenskultur also näher beschrieben werden, um dadurch eine Basis für die weitere Arbeit zu schaffen.

2.1.1 Abgrenzung des Begriffs Unternehmenskultur

Die Bezeichnung Unternehmenskultur steht allgemein für die „Grundgesamtheit gemeinsamer Werte, Normen und Einstellungen, welche die Entscheidungen, die Handlungen und das Verhalten der Organisationsmitglieder prägen."[54] Der

---

[51] Vgl. HOMMA, Norbert., BAUSCHKE, Rafael.: *Unternehmenskultur und Führung, Den Wandel gestalten – Methoden, Prozesse, Tools*. Wiesbaden: Gabler Verlag, 2010, S. 20.

[52] Vgl. COOL, Karel O.; LENGNICK-HALL, Cynthia: *Second thoughts on the transferabilty of the Japanese Management style*. European Group of organizational study, Vol 6, Nr. 1, Januar 1985, S. 1, SCHULTZ, Fredericke: *Moral – Kommunikation – Organisation, Funktionen und Implikationen normativer Konzepte und Theorien des 20. Und 21. Jahrhunderts*. Wiesbaden: Springer Verlag, 2011, S. 240 f.

[53] Vgl. HEINEN, Edmund; FANK, Matthias: *Unternehmenskultur, Perspektiven für Wissenschaft und Praxis*. München: Oldenbourg Verlag, 1997, S. 5.

[54] LIES, Jan: *Unternehmenskultur*, Gabler Wirtschaftslexikon online, http://wirtschaftslexikon.gabler.de/Definition/unternehmenskultur.html, Abgerufen am 28.10.2013.

Organisationspsychologe, Edgar H. Schein, der zu den Gründern der Organisationspsychologie zählt, definiert Unternehmenskultur als:

„[…] ein Muster gemeinsamer Grundprämissen, das die Gruppe bei der Bewältigung ihrer Probleme externer Anpassung und interner Integration erlernt hat, das sich bewährt hat und somit als bindend gilt; und das daher an neue Mitglieder als rational und emotional korrekter Ansatz für den Umgang mit diesen Problemen weitergegeben wird."[55]

Einer Unternehmenskultur werden mehrere Funktionen zuteil. Zunächst kann sich eine Firma durch ihre Kultur von anderen Unternehmen abgrenzen. Des Weiteren schafft wird intern – bei den Mitarbeitern, wie auch extern – bei Kunden, Lieferanten und der Öffentlichkeit Identität geschaffen. Es wird für die einzelnen Gruppenmitglieder durch Kultur Sinn geschaffen und bestimmten Gegenständen oder Handlungen eine spezifische Bedeutung gegeben. Unternehmenskultur schafft mit Hilfe von gemeinsamen Werten und Zielen Stabilisierung bei Unternehmensprozessen und trägt zur Kontrolle von dem Verhalten der Mitarbeiter bei.[56]

2.1.2 Ebenen und Symbolik von Unternehmenskultur

Bei der Untersuchung von Unternehmenskultur ist es entscheidend die Vielschichtigkeit von Kultur zu berücksichtigen. Der Organisationspsychologe Edgar H. Schein unterscheidet bei der Betrachtung von Unternehmenskultur zwischen mehreren Ebenen.

---

[55] SCHEIN, Edgar H.: *Unternehmenskultur, Ein Handbuch für Führungskräfte.* Frankfurt: Campus Verlag, 1995, S. 25.

[56] Vgl. HOMMA N.; BAUSCHE, R., 2010, S. 15 f.

Ebenen der Kultur

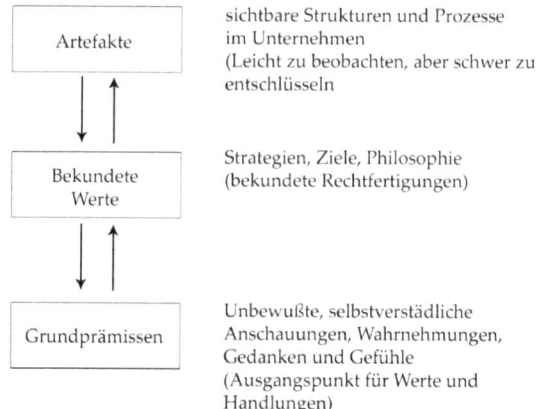

Artefakte	sichtbare Strukturen und Prozesse im Unternehmen (Leicht zu beobachten, aber schwer zu entschlüsseln)
Bekundete Werte	Strategien, Ziele, Philosophie (bekundete Rechtfertigungen)
Grundprämissen	Unbewußte, selbstverstädliche Anschauungen, Wahrnehmungen, Gedanken und Gefühle (Ausgangspunkt für Werte und Handlungen)

Abbildung 1: Ebenen der Unternehmenskultur nach Schein, 1995

Die aus externer Sicht zu beobachtenden Merkmale einer Kultur gehören der Ebene der Artefakte an. Die sichtbaren Aspekte einer Kultur sind folglich unter anderem in Architektur von Gebäuden, Kommunikationsstil, Sprache, Kleidungsstil und Rituale einer bestimmten Gruppe zu finden. Der Beobachtende kann diese Ebene zwar leicht wahrnehmen, die einzelnen Komponenten sind jedoch schwer zu entschlüsseln, da nur innerhalb der Gruppe klar ist, welche Bedeutung sie haben. Bekundete Werte sind ebenfalls ein wichtiger Teil von Kultur. Dabei ist jedoch entscheidend zu erkennen, welche Werte offiziell gepriesen werden und welche wirklich von Gruppenmitgliedern gelebt werden. Bei den Grundprämissen handelt es sich um Grundannahmen, die von allen Mitgliedern einer Gruppe getragen werden und als selbstverständlich gesehen werden. Diese Grundannahmen beeinflussen die Wahrnehmung, Denkweise und das Verhalten aller Gruppenmitglieder.[57] Die sichtbaren Aspekte der Unternehmenskultur wie Kommunikationsstil, Kleidungsstil, Rituale etc. sind von seitens des Managements wesentlich einfacher zu beeinflussen als die Werte und Grundannahmen, die dahinter stehen.[58]

---

[57] Vgl. SCHEIN, E.H., 1995, S. 29 ff.

[58] Vgl. KOTTER, J. P.; HESKETT, J. L.,1992, S. 5.

Richard L. Daft konzentriert sich bei der Betrachtung von Unternehmenskultur auf deren Symbole und ihre Ausprägung.

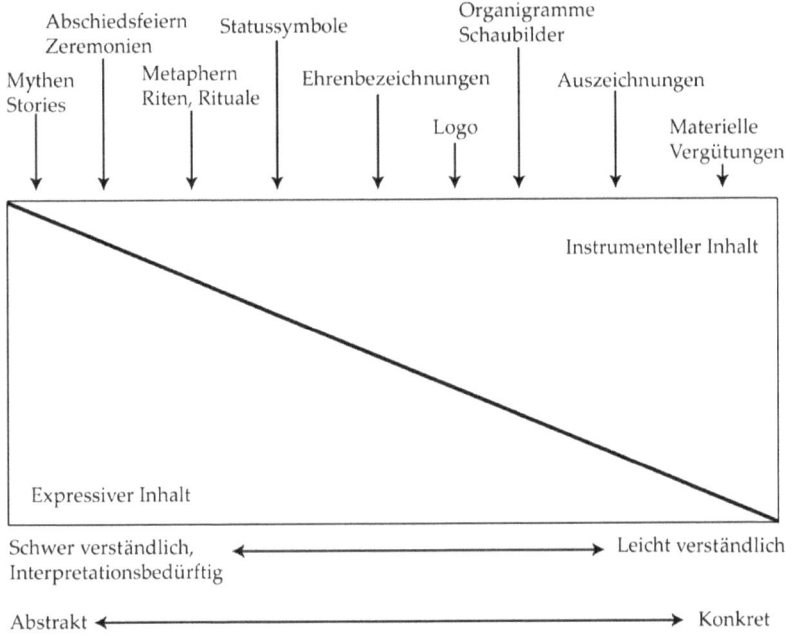

Abbildung 2: Kontinuum organisationaler Symbole nach Daft, 1983

Daft unterscheidet dabei zwischen abstrakten und konkreten Symbolen, sowie zwischen schwer verständlichen und leicht verständlichen Symbolen. Auf abstrakter Ebene sind hier Mythen und Stories, Zeremonien, Rituale, Statussymbole usw. angesiedelt. Sie sind vorwiegend expressiven Charakters und haben den Zweck die unbewusste Gefühlsebene der Organisationsmitglieder anzusprechen. Zu den weniger abstrakten und leicht verständlichen Symbolen in einem Unternehmen zählen sichtbare Aspekte, wie das Logo, Schaubilder, Auszeichnungen und materielle Vergütung.[59]

---

[59] Vgl. DAFT, R. L. *Symbols in Organizations*, in: PONDY, L.R./FROST, P. J./MORGAN, G./DANDRIGE, T.C. (Hrsg.): Organizational Symbolism. S. 198 ff. zitiert nach HEINEN, Edmund; FANK, Matthias: *Unternehmenskultur, Perspektiven für Wissenschaft und Praxis.* München: Oldenbourg Verlag, 1997, S. 110.

Kotter und Heskett postulieren im Zusammenhang mit Unternehmenskultur, dass jedes Unternehmen eine Unternehmenskultur besitzt, diese aber unterschiedlich stark ausgeprägt sein kann und einen erheblichen Einfluss auf Individuen und deren Leistung ausübt. Eine starke Kultur ist, Kotter und Heskett nach, wesentlicher Bestandteil für den langfristigen, ökonomischen Erfolg einer Unternehmung.[60]

2.1.3 Starke und schwache Kulturen

Nach Steinmann und Schreyögg kann man bei der Betrachtung von Unternehmenskultur zwischen starken und schwachen Kulturen unterscheiden. Sie betonen jedoch, dass es bei der Untersuchung von Unternehmenskultur wichtig ist, diese wertfrei zu betrachten und nicht zu beurteilen. Die Beurteilung kann lediglich da stattfinden, wo es darum geht, ob eine bestimmte Unternehmenskultur dem Erfolg der Firma zu Gute kommt oder nicht. Um die Stärke einer Unternehmenskultur zu untersuchen, bedienen sich Steinmann und Schreyögg folgender Kriterien:

1. Prägnanz

2. Verbreitungsgrad

3. Verankerungstiefe

4. Persistenz

Die Prägnanz einer Kultur sagt dabei aus, wie klar die Wertevorstellungen einer Kultur sind. Dementsprechend ist allen Mitgliedern einer starken Kultur bewusst, welches Verhalten erwünscht ist und welches nicht. Dazu ist es Voraussetzung, dass Werte und Symbolsysteme einerseits konsistent und andererseits umfassend sind, sodass in unterschiedlichen Situationen gewusst wird, wie damit umgegangen werden soll. Der Verbreitungsgrad gibt an, wie viele Gruppenmitglieder die Kultur tragen. Eine starke Kultur zeichnet sich dadurch aus, dass möglichst viele Mitarbeiter gleiche Vorstellungen, Werte und Verhaltensweisen aufweisen. Dementsprechend können Organisationen mit einer Vielzahl von ausgeprägten Subkulturen keine starke Gesamtkultur haben. Die Homogenität in Wertehaltung und Verhalten der Gesamtgruppe ist also ein weiteres Merkmal einer starken Organisationskultur.

---

[60] Vgl. KOTTER, J. P.; HESKETT, J.L., 1992, S. 9 ff.

Verankerungstiefe beschreibt, inwiefern Wertevorstellungen verinnerlicht sind oder lediglich Schein sind. Nur tatsächlich verinnerlichte Wertevorstellungen können langfristig gehalten werden und dadurch persistent über lange Zeit hinweg gelebt werden.[61]

Schein betont in Bezug auf starke Kulturen jedoch, dass starke Konformität einer Organisation in frühen Wachstumsphasen hilfreich ist, sich jedoch später auch negativ auswirken kann, da dadurch Flexibilität und Anpassungsfähigkeit eingeschränkt sein können.[62] Dieser Aspekt ist vor allem bei der Betrachtung japanischer Unternehmenskultur und deren Bedeutung für die japanische Wirtschaft wichtig und wird im späterem Verlauf dieser Arbeit noch einmal aufgegriffen.

2.2 Merkmale Japanischer Unternehmenskultur

Im Folgenden soll versucht werden zentrale Merkmale japanischer Unternehmenskultur zu beleuchten. Die verwendeten Quellen stammen aus der Zeit 1981 bis 2003. Es soll aufgezeigt werden, wie Unternehmenskultur japanischer Großunternehmen vor und während der Wirtschaftskrise sowie in den Nachwirkungen bis 2002 in der wissenschaftlichen Literatur dargestellt wird. Die vorliegende Arbeit geht davon aus, dass eventuelle Veränderungen erst im Nachhinein wahrgenommen werden können. Anschließend sollen die hier beschriebenen Aspekte japanischer Unternehmenskultur mit den Ergebnissen der Befragung von japanischen Mitarbeitern zur aktuellen Situation verglichen werden, um daraus Rückschlüsse auf bisherige Entwicklungen und den Einfluss der Wirtschaftskrise in den 90er Jahren ziehen zu können.

Es ist natürlich nicht möglich eine einzige, für alle Unternehmen zutreffende Unternehmenskultur in Japan aufzuzeigen. Es sollen jedoch einige Charakteristiken angeführt werden, die immer wieder zu dem Thema Unternehmenskultur genannt werden. Die folgenden Merkmale japanischer Unternehmenskultur gelten vorwiegend für Großunternehmen in Japan, den sogenannten Kaishas, und ihre Stammbelegschaft.

---

[61] Vgl. STEINMANN, Horst; SCHREYÖGG, Georg: *Management, Grundlagen der Unternehmensführung, Konzepte, Funktionen, Fallstudien.* Wiesbaden: Gabler, 1993, S. 594 ff.

[62] Vgl. SCHEIN, E.H. 1995, S. 73.

Die zentralen Aspekte von Unternehmenskultur in Japan können in den zahlreichen kleineren Firmen weniger umgesetzt werden.[63] Obwohl auch in vielen, kleineren Unternehmen zentrale Merkmale japanischer Unternehmenskultur vorgefunden werden können, wenn auch in geringerer Ausprägung.[64] Die grundlegenden Aspekte japanischer Unternehmenskultur haben in Japan normativen Charakter und werden innerhalb der japanischen Gesellschaft von Mitarbeitern wie auch von Firmen erwartet.[65]

2.2.1 Die drei Säulen japanischer Unternehmenskultur

Immer wenn von japanischer Unternehmenskultur die Rede ist, trifft man auf die sogenannten drei Säulen, auf die japanische Unternehmenskultur aufbaut. Sie sind kennzeichnend für die japanische Wirtschaft und spielten vermutlich auch eine wichtige Rolle beim wirtschaftlichen Erfolg Japans in der Nachkriegszeit.

Zu den drei Säulen zählen:

1. Lebenslange Anstellung

2. Senioritätsprinzip in Bezug auf Gehalt und Hierarchie

3. Betriebsgewerkschaften[66]

Dabei werden Absolventen bestimmter Universitäten, vornehmlich der staatlichen Tokyo Universität und der Kyoto Universität von großen Unternehmen rekrutiert [67] und erhalten bei dem Unternehmen die Sicherheit lebenslanger Beschäftigung bis zur Pension. Diese Strategie führt zu einem verstärkten Bemühen von Familien ihre Kinder auf diesen Elite-Universitäten studieren zu lassen. Da der dementsprechende Andrang auf diesen Universitäten studieren zu können enorm ist, werden diese Kinder bereits im Kindergarten unter Leistungsdruck gesetzt, um auf die bestvorbereitende Grundschule kommen zu können. Dadurch können sie dann wiederum auf die bestvorbereitende Oberschule aufgenommen werden.

---

[63] Vgl. KEVENHÖRSTER, P.; PASCHA, W.; SHIRE, K.A., 2003, S. 77.

[64] Vgl. DEMES, Helmut: *Arbeitsmarkt und Beschäftigung*. In *Die Wirtschaft Japans, Strukturen zwischen Kontinuität und Wandel*. Deutsches Institut für Japanstudien (Hrsg.), 1998, S. 149.

[65] Vgl. ders. S. 147.

[66] Vgl. KEVENHÖRSTER, P.; PASCHA, W.; SHIRE, K.A., 2003, S. 74 f.

[67] Vgl. TEICHLER, Ulrich: *Erziehung und Ausbildung*. In: *Länderbericht Japan, Geographie, Geschichte, Politik, Wirtschaft, Gesellschaft, Kultur.* MAYER, Hans Jürgen; POHL, Manfred (Hrsg.), Darmstadt: Wissenschaftliche Buchgesellschaft, 1995, S. 403.

Der Druck, der auf diese Weise auf die Kinder und Jugendlichen ausgeübt wird, ist immer wieder kritisiert worden. Es wurden auf nationaler Ebene bereits Veränderungen dazu angestrebt, die sich jedoch nur sehr langsam durchsetzen.[68] Die meisten japanischen Unternehmen stellen einmal im Jahr neue Mitarbeiter ein. Normalerweise im Frühjahr, wenn Studenten gerade ihr Studium beenden.[69]

„Durch eine feierliche Aufnahmezeremonie […] wird der neue Mitarbeiterjahrgang in die Fima eingeführt. Reden werden gehalten; das Firmenlied wird gesungen; manche Firmen haben einen Firmeneid oder ein Motto, Firmenkleidung, ein Abzeichen. Zur Aufnahmezeremonie werden nicht selten auch die Eltern der neuen Mitarbeiter geladen. Ein wichtiger Einschnitt im Leben wird auf diese Weise markiert."[70]

Die neuen Mitarbeiter werden von den älteren Mitarbeitern – ihren senpai, angeleitet und sollen von ihnen lernen.[71] Im Laufe der Zeit steigen die Mitarbeiter in der Hierarchie auf und können sich auf gleichmäßig verteilte Gehaltserhöhungen verlassen, die sich nach den Jahren der Zeit im Unternehmen staffeln. Dieses Konzept entstand in den Nachkriegsjahren, in denen Unternehmen Fachkräfte benötigten. Sie sollten für potentielle Arbeitnehmer besonders lukrativ erscheinen und Mitarbeiter langfristig an das Unternehmen binden.[72] Arbeitnehmer japanischer Großunternehmen erlernen somit über lange Zeit während ihrer beruflichen Tätigkeit spezifische, auf das Unternehmen zugeschnittene Fähigkeiten, die die Arbeitnehmer für das Unternehmen dadurch unentbehrlich und wertvoll machen. Damit fehlt den Arbeitnehmern in solch einem System ein Marktwert, da sich die erworbenen Fähigkeiten auf das Unternehmen beschränken und nur schwer auf andere Unternehmen übertragbar sind. Die Beförderung nach Zeit in dem Unternehmen stellt für die Arbeitnehmer keinen Anreiz zur Leistung dar.[73] Den Mitarbeitern wird bei der Anstellung ein über die Zeit ständig steigendes

---

[68] Vgl. OUCHI, William G. *Theory Z, How American business can meet the Japanese challenge.* New York: Avon, 1982, S. 19 f.

[69] Vgl. OUCHI, W., 1982, S. 15.

[70] COULMAS, Florian: *Die Kultur Japans, Tradition und Moderne.* München: Beck Verlag, 2003, S. 189.

[71] Vgl. COULMAS, F., 2003, S. 189.

[72] Vgl. KEVENHÖRSTER, P.; PASCHA, W.; SHIRE, K.A., 2003, S. 75 ff.

[73] Vgl. DEMES, H. 1998, S. 145 f.

Gehalt versichert, jedoch herrscht bei der innerbetrieblichen Karriere enorme Konkurrenz.[74]

Im Laufe der Jahre werden alle Mitarbeiter befördert, jedoch die diesbezügliche Geschwindigkeit variiert. Der Anreiz zur Leistungserbringung ist in japanischen Unternehmen durch die innerbetriebliche Konkurrenz gegeben.[75]

Die Gewerkschaften, die sich nach dem Zweiten Weltkrieg gebildet haben unterscheiden sich erheblich von den Gewerkschaftsformen, wie wir sie in Deutschland oder den USA kennen. Zunächst sind diese nicht nach Industriezweig oder Berufsgruppe gegliedert. Sie gehören in Japan direkt zum Unternehmen. Es handelt sich demnach um Unternehmensgewerkschaften oder „Arbeiter-Angestellten-Mischgewerkschaften", wie Okumara es formuliert, die eher die Interessen der Unternehmensführung vertreten, als für das Wohl der Arbeitnehmer zu kämpfen.[76] Der einzige Aspekt, für den sich die Gewerkschaften japanischer Unternehmen erfolgreich einsetzen, sei die Sicherung der Gehälter und weitere Leistungen durch das jeweilige Unternehmen. Dabei vertreten die Gewerkschaften lediglich die Interessen der Stammbelegschaft. Teilzeitarbeitskräfte und Frauen werden von den Gewerkschaften nicht repräsentiert.[77]

Zur japanischen Mentalität gehört bekanntlich ihr Gruppenbewusstsein, das sich auch in Japans Unternehmen wiederfindet. Hierbei ist das Wohl der Gruppe, also auch das des Unternehmens dem Wohl des einzelnen Mitarbeiters vorangestellt. Innerhalb dieses Gruppenbewusstseins spielt hierarchisches Denken eine wichtige Rolle, sodass man die japanische Gesellschaft auch als vertikale Gesellschaft bezeichnen kann.[78] Autorität hat in Japan und somit auch in japanischen Unternehmen eine andere Bedeutung als beispielsweise in westlichen Ländern. Demnach geht es bei Autorität weniger darum Privilegien zu genießen und Distanz zu den Angestellten zu haben, vielmehr ist es in japanischen Unternehmen üblich, dass sie an den gleichen Arbeitsaufgaben wie auch ihre Angestellten arbeiten. Es wird von ihnen der gleiche Einsatz erwartet, wie von allen anderen auch.[79] Führungskräfte japanischer Unternehmen kommen stets aus der

---

[74] Vgl. DEMES, H. 1998, S. 145, OKUMARA, H. 1998, S. 85.

[75] Vgl. DEMES, H. 1998, S. 146 f., OKUMARA, H., 1998, S. 85.

[76] Vgl. OKUMURA, H., 1998, S. 90 f.

[77] Vgl. KEVENHÖRSTER, P.; PASCHA, W.; SHIRE, K.A., 2003, S. 233.

[78] Vgl. ebd. 2003, S. 194.

[79] Vgl. ebd. 2003 S. 231.

eigenen Firma, nicht von außen und handeln an erster Stelle für das Wohl ihrer Mitarbeiter. Nicht für die Aktionäre des Unternehmens.[80]

2.2.2 Aufgabenbereiche, Gruppenarbeit und Entscheidungsprozesse

In japanischen Unternehmen ist es üblich, dass die Beschäftigten innerhalb des Betriebes immer wieder andere Aufgabenbereiche erhalten und den Arbeitsplatz regelmäßig wechseln. In Unternehmen westlicher Länder ist es hingegen gängig, dass Arbeitnehmer auf ein bestimmtes Feld spezialisiert sind und während ihrer beruflichen Laufbahn öfter das Unternehmen wechseln, jedoch in der gleichen Branche mit ähnlichen Aufgabenbereichen arbeiten. Japanische Beschäftigte lernen in ihrem Unternehmen viele unterschiedliche Bereiche kennen und sind weniger auf einen Bereich spezialisiert.[81] Arbeitnehmer in Japan erhalten in ihrem Unternehmen eine sehr betriebsspezifische Ausbildung. Japanische Unternehmen investieren besonders in die Fortbildung ihrer Angestellten, da sie sich durch das Prinzip der lebenslangen Anstellung sicher sein können über mehrere Jahre hinweg davon profitieren zu können.[82] Entlassungen der Stammbelegschaft werden möglichst gemieden. Bei wirtschaftlichen Schwierigkeiten eines Unternehmens gehören Reduzierungen der Überstunden, Entlassungen der nicht-regulär Beschäftigten und das Entsenden der Mitarbeiter zu verbundenen Unternehmen zu den ersten Maßnahmen. Kündigungen finden in japanischen Unternehmen nur sehr selten statt.[83]

Ein weiterer Aspekt japanischer Unternehmenskultur ist die ungewöhnlich hohe, durchschnittliche Arbeitszeit der Angestellten, die mit 2000 Stunden pro Jahr wesentlich länger ist als beispielsweise in den USA oder Europa. Dies liege laut Okumara daran, dass unter den Angestellten enorme Aufstiegskonkurrenz und Gruppendruck herrscht. Des Weiteren seien japanische Unternehmen dafür bekannt ihre Angestellten weitaus öfter zu versetzen als Unternehmen westlicher Länder. Dabei komme es nicht selten vor, dass Mitarbeiter ohne die Familie versetzt werden. Auch Tod durch Überarbeitung - Karoshi ist immer wieder Thema bei der Betrachtung japanischer Unternehmenskultur und wird in der japanischen Öffentlichkeit stark diskutiert. In den letzten Jahren würden sich jedoch

---

[80] Vgl. COULMAS, F. 2003, S. 191.

[81] Vgl. OUCHI, W., 1982, S. 26 ff., PICKEN, Stuart D.B.: *Values and value related strategies in Japanese corporate culture.* Journal of Business Ethics, 2. Februar 1987, Vol. 6, Nr. 2, S. 141., OKUMARA, H., 1998, S. 89.

[82] Vgl. OUCHI, W., 1982, S. 26 ff.

[83] Vgl. DEMES, H., 1998, S. 152 f.

vor allem junge Menschen in Japan dagegen wehren und versuchen Firmen mit solcher Reputation zu meiden.[84]

Aufgaben werden in den Großunternehmen Japans meistens in Gruppen gelöst, nicht individuell.[85] Deswegen findet man dort unterschiedliche Arbeitsgruppen, die überwiegend in Großraumbüros arbeiten. Dies erleichtert einerseits die Kommunikationswege, andererseits führt es jedoch auch zu weniger Privatsphäre und mehr Gruppendruck. Die Anordnung der Arbeitsplätze stellt dabei den hierarchischen Status der einzelnen Gruppen und Mitarbeiter dar.[86] Darüber hinaus verbringen japanische Mitarbeiter auch oft Zeit nach der Arbeit miteinander. Kollegen gehen nach der Arbeit häufig gemeinsam trinken und essen, um dabei Angelegenheiten der Firma zu besprechen.[87] Bezüglich des Stellenwerts des Großunternehmens für die Angestellten spricht Okumara in diesem Zusammenhang von einer „totalen Firmenfixierung".[88]

Als weiterer besonderer Aspekt der japanischen Unternehmenskultur ist die Kommunikation und Entscheidungsfindung der Unternehmen hervorzuheben. Bei anstehenden Entscheidungen kommt es zu einem zyklischen und langwierigen Prozess, bei dem alle Unternehmensmitglieder einbezogen werden sollen. Das sogenannte Ringisho ist ein Dokument, was die Planung beinhaltet, an alle Abteilungen und Mitarbeiter gerichtet ist und von allen unterzeichnet wird. Es ist wichtiger Bestandteil aller Entscheidungsprozesse. Das Dokument wird von jedem Einzelnen unterzeichnet und anschließend weitergeleitet. Der Umlauf des Ringisho ist ein Prozess, der hierarchisch von unten nach oben stattfindet und den Beteiligten die Gelegenheit bieten soll Anregungen und Kritik zu äußern.[89] Der japanische Autor Okumura betont jedoch, dass dieses System der Entscheidungsfindung rein formell sei und Entscheidungen stets in den oberen Etagen gefällt werden. Es könne nicht die Rede davon sein, dass alle mitentscheiden können, sondern vielmehr interne Kritik strikt untersagt sei. Okumara spricht in diesem Zusammenhang von „Absolutismus im Unternehmen", bei dem Kritik

---

[84] Vgl. OKUMURA, H., 1998, S. 88 ff.

[85] Vgl. HATVANY, Nina; PUCIK, Vladimir: *An integrated Management System: Lessons from the Japanese Experience.* The Academy of Management Review, Vol. 6, Nr. 3, Juli 1981, S. 473.

[86] Vgl. COULMAS, F., 2003, S. 192 f.

[87] Vgl. PICKEN, S., 1987, S. 141.

[88] Vgl. OKUMARA, H., 1998, S. 74.

[89] Vgl. COULMAS, F., 2003, S. 192 f.

allgemein nicht geduldet wird. In japanischer Unternehmenskultur spielen strikte Hierarchien eine wichtige Rolle. Den Anordnungen von „oben" dürfe, laut Okumara, auf keinen Fall Widerstand geleistet werden.[90]

2.2.3 Frauen in japanischen Großunternehmen

Da japanische Manager davon ausgehen, dass Frauen nachdem sie geheiratet haben ihre Arbeitsstelle kündigen, um eine Familie zu gründen und anschließend Kinder aufzuziehen, scheint es für japanische Arbeitgeber nicht rentabel Frauen langfristig eine verantwortungsvolle Position in der Firma zu geben und auch Investitionen in ihre Fortbildung würden sich ihrer Auffassung nach nicht lohnen.[91] In der japanischen Gesellschaft ist immer noch die Idee von klassischen Rollenbildern vorherrschend. Demnach ist der Mann ein „Firmenmensch" und die Frau klassischerweise „Hausfrau und Mutter".[92] Frauen arbeiten in Japan meist in Positionen gering bezahlter Teilzeitarbeit.[93] Sie sind damit von der Stammbelegschaft japanischer Unternehmen ausgeschlossen. Zudem bedeutet Teilzeit, dass sie genauso lang arbeiten wie regulär Angestellte, sie müssen lediglich keine Überstunden machen.[94] Durch diese Art der unverbindlichen Anstellungsform entsteht für japanische Unternehmen eine hohe Flexibilität und Anpassungsfähigkeit, was mit Grund für Konkurrenzfähigkeit auf dem Weltmarkt ist.[95]

---

[90] Vgl. OKUMURA, H., 1998, S. 74 f.

[91] Vgl. KEVENHÖRSTER, P.; PASCHA, W.; SHIRE, K.A., 2003, S. 249.

[92] Vgl. WEBER, Claudia: *Frauen in Japan; Zwischen Tradition und Aufbruch.* In: *Länderbericht Japan, Geographie, Geschichte, Politik, Wirtschaft, Gesellschaft, Kultur.* In: MAYER, Hans Jürgen; POHL, Manfred (Hrsg.), Darmstadt: Wissenschaftliche Buchgesellschaft, 1995, S. 415.

[93] Vgl. HATVANY, N.; PUCIK, V., 1981, S. 471., KEVENHÖRSTER, P.; PASCHA, W.; SHIRE, K.A., 2003, S. 248.

[94] Vgl. DEMES, H., 1998, S. 150 f.

[95] Vgl. HATVANY, N.; PUCIK, V., 1981, S. 471, WEBER, C., 1995, S. 411.

2.3 Japanische Kultur als Einflussfaktor auf japanische Unternehmenskultur

Im Folgenden sollen einige kulturelle Wurzeln, die eng mit der Unternehmenskultur in Japan zusammenhängen aufgezeigt werden. Es kann an dieser Stelle jedoch nur ein kleiner Einblick in das Thema erfolgen. Eine tiefgründige Auseinandersetzung mit dem Zusammenhang zwischen Kultur und Unternehmenskultur in Japan wäre ein interessanter Gegenstand für weitere Forschungen, würde jedoch über den Rahmen dieser Arbeit hinausgehen.

Kultur allgemein schafft mit Hilfe von Philosophie, Naturwissenschaften, Ethik und Religion den Rahmen für menschliches Handeln. Somit bildet Kultur auch den Rahmen für ökonomisches Denken und Handeln. Wirtschaftliches Handeln kann nicht außerhalb von Kultur betrachtet werden, sondern ist kulturabhängig und variiert stark in seiner Ausprägung zwischen verschiedenen Ländern.[96] Institutionen folgen genau wie die Gesellschaft bestimmten mentalen Programmen, die sich über Jahrhunderte hinweg in ihrer Region als Lösung für Probleme entwickelt haben. Institutionen passen sich automatisch an die lokale Kultur an. Bei der Betrachtung von nationaler Managementkultur gilt es die Führungskräfte und Mitarbeiter als Teil der Gesellschaft zu untersuchen. Um ihr Verhalten zu verstehen sollten alle Teilaspekte, die Kultur ausmachen miteinbezogen werden: welche Charaktereigenschaften in ihrem Land häufig sind, wie Familien funktionieren, wie Kinder erzogen werden, das Schulsystem, den Einfluss des politischen Systems und geschichtliche Ereignisse, die die Nation bewegt haben. Das Betrachten von Glaubenssätzen, Verbrechen und Bestrafungsformen, wie auch der Religion des Landes ist bei dem Versuch Managementpraktiken zu verstehen unerlässlich.[97] Es ist also unabdinglich bei der Untersuchung von Unternehmenskultur genauso einen Blick auf kulturelle Wurzeln des Landes und die Mentalität des Volkes zu werfen.

Im Gegensatz zu den meisten westlichen Ländern war Japan jahrhundertelang isoliert. Zwar wurde Japan vor allem durch China kulturell stark geprägt, doch konnte es durch die Tatsache, dass es nie erobert wurde und gleichzeitig über

---

[96] Vgl. CORNELSSEN, Inse: *Der Fall Japan, Kultur als Triebkraft wirtschaftlicher Entwicklung, Untersuchung zur ökonomischen Relevanz immaterieller Werte.* Frankfurt: Europäische Hochschulschriften, Reihe 5, Volks- und Betriebswirtschaft, Bd. 1216, zugleich Diss. 1991, S. 46.

[97] Vgl. HOFSTEDE, Geert; HOFSTEDE Gert J.: *Cultures and Organizations, Software oft he mind.* New York: McGraw Hill, 2005, S. 19 f.

lange Zeit hinweg fremdenfeindliche Politik führte von weiteren kulturellen Einflüssen unberührt bleiben.[98] Letztendlich war Japan in seinem Bestreben die eigene kulturelle Identität zu bewahren, trotz äußerer Einflüsse sehr erfolgreich.[99]

Insbesondere Konfuzianismus, Buddhismus und Shintoismus gehören zu den Wurzeln japanischer Kultur.[100] Diese Einflüsse sind unbestreitbar, jedoch finden sie auf unterbewusster Ebene statt. Innerhalb des Buddhismus erkennt man, Inse Cornelssen zufolge, beispielsweise das Prinzip der steten individuellen Veränderung und die unverkennbar einheitliche Linie, die sich genauso in Firmen wiederspiegelt. Hier findet man auch die Praxis des Nachahmens, da dies als erster Schritt gesehen wird um Erkenntnis zu erlangen.

Die Innovationsbegeisterung lässt sich ebenfalls durch die buddhistischen Wurzeln erklären, da Fortschritt im Buddhismus als Quelle des „Selbst" gesehen wird.[101] Rituale, strikte Hierarchien und das Senioritätsprinzip hingegen sind auf konfuzianische Werte zurückzuführen. Zum Hierarchiedenken in Japan gehört traditionell die Unterordnung der Frau, die Unterordnung der Kinder gegenüber den Eltern sowie die Unterordnung des Individuums gegenüber der Gruppe, was auch die Unterordnung der Gesellschaft gegenüber dem Staat impliziert.[102] Diese genauen Rangvorstellungen spiegeln sich auch in der japanischen Sprache wieder. So gibt es geschlechtsspezifische Sprachformen und die Höflichkeitssprache, bei der zwischen verschiedenen Achtungs- und Bescheidenheitsstufen unterschieden wird.[103] Hier wird bereits die Komplexität des hierarchischen Systems innerhalb der japanischen Gesellschaft deutlich, die sich ebenso in japanischen Unternehmen abbildet.

---

[98] Vgl. FLÜCHTER, Winfried: *Geogrpahische Fragestellungen, Strukturen, Probleme.* In: *Länderbericht Japan, Geographie, Geschichte, Politik, Wirtschaft, Gesellschaft, Kultur.* MAYER, Hans Jürgen, POHL, Manfred (Hrsg.), Darmstadt: Wissenschaftliche Buchgesellschaft, 1995, S. 24.

[99] Vgl. SCHLIEPER, Andreas: *Die Nähe fremder Kulturen. Parallelen zwischen Japan und Deutschland.* Frankfurt: Campus Verlag, 1997, S. 21.

[100] Vgl. CORNELSSEN, I., 1991, S. 47, RARICK, Charles A.: *The Philosophical Impact of Shintoism, Buddhism, and Confucianism on Japanese Management Practices.* International Journal of Value-Based Management, Niederlande, Vol. 7, 1994, S. 220.

[101] Vgl. CORNELSSEN, I., 1991, S. 60 ff.

[102] Vgl. ebd. 1991, S. 132 ff., RARICK, C., 1994, S. 222.

[103] Vgl. SCHNEIDER, Roland: *Sprache und Schrift.* In: *Länderbericht Japan, Geographie, Geschichte, Politik, Wirtschaft, Gesellschaft, Kultur.* MAYER, Hans Jürgen, POHL, Manfred (Hrsg.), Darmstadt: Wissenschaftliche Buchgesellschaft,1995, S. 466.

Konfuzianismus, Buddhismus und Shintoismus beinhalten in ihren Ansichten Respekt vor den Älteren. Diese Rangordnung erkennt man in japanischen Unternehmen daran, dass nach Zeit und Erfahrung befördert wird und von jungen Angestellten erwartet wird, dass sie den älteren Mitarbeitern gehorsam folgen. Zu konfuzianischen Werten gehört, dass Frauen sich um den Haushalt kümmern und keine Entscheidungen treffen dürfen. Dies könnte somit die Rolle der Frauen in japanischen Unternehmen erklären.[104]

---

[104] Vgl. RARICK, C., 1994, S. 224 f.

3. Empirischer Teil

3.1 Methodische Vorgehensweise

Zur Untersuchung der Forschungsfrage, inwiefern sich Elemente japanischer Unternehmenskultur auch heute in der Realität wiederfinden, wie sich Unternehmenskultur aufgrund der Wirtschaftskrise der 90er Jahre entwickelt hat und welche weiteren Tendenzen diesbezüglich für die Zukunft zu erwarten sind, wird im Rahmen dieser Arbeit die Methodik des teilstrukturierten Expertengesprächs verwendet.

Beim qualitativen Interview geht es weniger darum später allgemeingültige Aussagen treffen zu können. Es soll vielmehr untersucht werden, wie die Befragten ihre Realität wahrnehmen und welche Aspekte sie im Zusammenhang mit dem Thema als relevant erachten.[105] Mit Hilfe des teilstrukturierten Interviews sollen in den Gesprächen Fragen zu bestimmten Themen, die auf den vorher dargestellten Theorieteil aufbauen, abgehandelt werden. Es soll den Befragten auch die Möglichkeit gegeben werden frei zu antworten und selber eigene Aspekte miteinzubringen. Gleichzeitig hat der Fragende im Rahmen dieser Methode Gelegenheit das Gespräch bei interessanten oder neuen Aspekten flexibel zu gestalten und weitere, auftauchende Themen zu besprechen.

3.1.1 Auswahl der Experten

Ein Experte ist innerhalb dieser Methode jede Person, die stellvertretend für die Gruppe, die untersucht werden soll, Aussagen treffen kann.[106] In der vorliegenden Arbeit bietet es sich demnach vor allem an Arbeitnehmer unterschiedlicher japanischer Großunternehmen zu befragen, da man dadurch einen Einblick in ihre Erfahrungen mit der Unternehmenskultur ihrer Firmen erhalten kann.

Um ein möglichst vielfältiges Bild zu erhalten, wurde bei der Auswahl der Befragten darauf geachtet, dass sie unterschiedliche Positionen im Unternehmen besetzen, unterschiedlichen Alters und Geschlechts sind und bei verschiedenen

---

[105] Vgl. FROSCHAUER, U.; LÜGER, M.: *Das qualitative Interview.* Wien, 2003, S. 16 zitiert nach BAUMGARTH, C.; EISEND, M.; EVANSCHITZKY, H. (Hrsg.): *Empirische Mastertechniken, Eine anwendungsorientierte Einführung für die Marketing- und Managementforschung.* Wiesbaden: Gabler Verlag, 1. Aufl. 2009, S. 33.

[106] Vgl. MAYER, H. O. *Interview und schriftliche Befragung.* München, Wien, 2002, S. 37 zitiert nach BAUMGARTH, C.; EISEND, M.; EVANSCHITZKY, H. (Hrsg.): *Empirische Mastertechniken, Eine anwendungsorientierte Einführung für die Marketing- und Managementforschung.* Wiesbaden: Gabler Verlag, 1. Aufl. 2009, S. 35.

Betrieben arbeiten. Es wurde im Vorhinein sichergestellt, dass alle Befragten bei japanischen Großunternehmen angestellt sind.

Die befragten Japaner lassen sich nach folgenden, relevanten Kriterien einordnen:

Tabelle 1: Übersicht der befragten japanischen Mitarbeiter

	Geschlecht	Alter	Zeit in Firma	Studium
Person 1	Weiblich	25	4 Monate	Hindi
Person 2	Männlich	26	3 Jahre	Management
Person 3	Männlich	58	33 Jahre	Civil Engineering

Es wurde eine junge, weibliche Japanerin befragt, um unter anderem einen Einblick in ihre Welt als Frau in einem Großunternehmen zu erhalten. Die zweite Person ist männlich und ebenfalls jung. Durch die Befragung zweier, junger Mitarbeiter soll versucht werden einen Eindruck von der Einstellung und Wahrnehmung der nachkommenden Generation japanischer Arbeitnehmer zu erhalten. Durch die Betrachtung der Sichtweise von jungen Mitarbeitern können Rückschlüsse für die mögliche, weitere Entwicklung von Unternehmenskultur gezogen werden. Die dritte, befragte Person arbeitet bereits 33 Jahre in einem japanischen Großunternehmen. Auf diese Weise kann er vor allem Einblicke in die stattgefundenen Veränderungen der letzten Jahre gewähren.

Die Identitäten der befragten Personen bleiben anonym und auch die Namen der Unternehmen werden nicht genannt. Sie sind einerseits für die Forschungsfrage dieser Arbeit nicht relevant und andererseits soll durch Anonymität den Befragten die Möglichkeit gegeben werden auch kritische Bemerkungen zu ihrem Unternehmen und der jeweiligen Unternehmenskultur zu äußern. Dass die befragten Personen jedoch trotzdem Sachverhalte beschönigen, um ihr Gesicht zu bewahren oder das „Gesicht" der Firma, in der sie arbeiten, kann in diesem Zusammenhang nicht ausgeschlossen werden.

Des Weiteren wurde im Rahmen dieser Arbeit Herr Prof. Dr. Waldenberger von dem Japan-Zentrum der Ludwig-Maximilians-Universität München befragt, der zu dem Thema japanische Wirtschaft und Unternehmenskultur bereits lange forscht und angab mit vielen japanischen Unternehmen regelmäßigen Kontakt zu pflegen. Dadurch soll der Einblick in die Praxis japanischer Unternehmenskultur sowie ihre Entwicklung durch die Einschätzung eines Wissenschaftlers erweitert werden.

3.1.2 Aufbau und Inhalt der Leitfäden

Die Fragen der Interviewleitfäden für die Japaner waren für die verschiedenen Befragten inhaltlich identisch. Sie umfassen 42 Fragen zu 15 verschiedenen Themen, die bereits theoretisch im vorherigen Teil dieser Arbeit behandelt wurden. Aus zeitlicher Begrenzung sowie der Komplexität des Themas konnten jedoch nicht alle Themen, die theoretisch vorher beschrieben wurden, abgearbeitet werden. Folgende Sachverhalte wurden während der Gespräche mit den Mitarbeitern von japanischen Großunternehmen befragt:

1. Allgemeine Angaben zu Alter, Studium und Zeit in dem Unternehmen

2. Lebenslange Anstellung

3. Unternehmensidentifikation

4. Aufgabenbereiche

5. Rekrutierung

6. Unternehmensgeschichte, Mythen, Unternehmensphilosophie und –werte

7. Rituale, Zeremonien

8. Dresscode, Firmenhymne

9. Ringisho

10. Hierarchische Strukturen

11. Senioritätsprinzip

12. Arbeitsklima

13. Kündigung

14. Frauen im Unternehmen

15. Veränderungen der Unternehmenskultur

Vor Beginn der Arbeit wurde bereits in persönlichen Vorgesprächen versucht herauszufinden, welche Aspekte in diesem Zusammenhang besonders relevant sein könnten. Dementsprechend wurden auch die Themen für die Interviews ausgewählt. Die erfragten Sachverhalte sollen nicht nur Hinweise für die Beantwortung der Forschungsfrage liefern, sondern zugleich verschiedene Aspekte von Unternehmenskultur abdecken, um dadurch den Blick auf die verschiedenen Ebenen von Kultur beizubehalten. Bezogen auf das Kulturmodell von Schein sollen Artefakte, bekundete Werte und Grundprämissen der jeweiligen Unternehmenskultur beleuchtet werden. Demzufolge wurden leicht sichtbare Symbole wie Rituale, Zeremonien, Kleidungsstil und Kommunikation erfragt. Offiziell bekundete Werte und die tatsächlichen Glaubenssätze der Mitarbeiter sollen dabei genauso erforscht werden. Bei der Betrachtung und Untersuchung der Relevanz der drei Säulen japanischer Unternehmenskultur wurden lediglich das Prinzip der lebenslangen Anstellung und der Seniorität befragt. Der Aspekt der Betriebsgewerkschaften musste an dieser Stelle außer Acht gelassen werden, da dies ein eigenes komplexes Thema japanischer Unternehmenskultur darstellt.

Der Inhalt des Interviewleitfadens zur Befragung des Wissenschaftlers umfasst folgende Themenschwerpunkte:

1. Stärke der japanischen Unternehmenskultur

2. Säulen japanischer Unternehmenskultur

3. Hierarchische Strukturen japanischer Großunternehmen

4. Unternehmensidentifikation

5. Die Bedeutung von Ritualen/Zeremonien

6. Karoshi

7. Die Rolle der Frauen in japanischen Großunternehmen

8. Der Einfluss der Krise auf die Entwicklung japanischer Unternehmenskultur

Bei der Festlegung der inhaltlichen Schwerpunkte konnten auch hier aufgrund von zeitlicher Begrenzung nur einige Aspekte beleuchtet werden. Dementsprechend wurden einzelne Themen ausgewählt, die unterschiedliche Ebenen von Unternehmenskultur abdecken, um auch hier einen breiten, umfangreichen Blick auf das Thema zu gewährleisten. Es wurden Aspekte ausgewählt, die bereits bei den japanischen Mitarbeitern erfragt wurden. Auf diese Weise können bei der Auswertung die Wahrnehmungen der befragten Japaner durch die Einschätzung eines Wissenschaftlers erweitert werden.

3.1.3 Durchführung und Auswertung

Zunächst wurden die Leitfäden mit der Betreuerin dieser Arbeit Frau Prof. Dr. H. besprochen. Daraufhin wurden sie mit Freunden erprobt, um zu überprüfen, ob alle Fragen verständlich sind und welche Zeit dafür einzukalkulieren ist. Anschließend konnte die Durchführung der Expertengespräche beginnen. Die Expertengespräche fanden aufgrund der räumlichen Distanz zu Japan mit Hilfe von Internettelefonie statt und wurden mit einem speziellen Programm dafür aufgezeichnet. Die Kommunikation erfolgte auf Englisch. Die Befragten wurden vorher schriftlich über das Thema und die Forschungsfrage dieser Arbeit informiert. Bei dem Gespräch, bei denen synchron übersetzt werden musste, hatte die Übersetzerin die Fragen schriftlich vorliegen. Die dritte Befragung wurde auf Bitte der betreffenden Person hin schriftlich durchgeführt. Demnach handelt es sich dabei um eine qualitative, schriftliche Befragung, die Fragen waren jedoch die gleichen.

Die Gespräche wurden im Anschluss nicht, wie bei dieser Methodik üblich, transkribiert und professionell übersetzt, bis in beiden Sprachen das gleiche Ergebnis zu sehen ist. Sie wurden in Absprache mit der Betreuerin als Ergebnisprotokolle direkt ins Deutsche übersetzt und relevante Aussagen zusammengefasst. Eine subjektive Interpretation der Inhalte ist dabei unausweichlich, wie auch eine gewisse, sprachliche Verzerrung bei jeder Art der Übersetzung nicht umgangen werden kann.

3.2 Ergebnisse

Die Ergebnisprotokolle befinden sich nicht in dieser Arbeit. Die dazugehörigen Aufzeichnungen der Interviews wurden der ursprünglichen Arbeit als MP3 Dateien auf einer CD hinzugefügt, sind in dieser Version aber nicht enthalten.

3.2.1 Lebenslange Anstellung, das Senioritätsprinzip und Unternehmensidentifikation

In Bezug auf die Säulen japanischer Unternehmenskultur lassen sich den Aussagen der Befragten nach Hinweise darauf finden, dass lebenslange Anstellung und das Senioritätsprinzip trotz der wirtschaftlichen Krise in den 90er Jahren immer noch relevante Aspekte in der Unternehmenskultur japanischer Großunternehmen darstellen.

So sehen zwei der drei befragten, japanischen Arbeitnehmer lebenslange Anstellung als sicher in ihrem Unternehmen und wünschen sich dies auch.[107] Auch das Senioritätsprinzip findet sich in den Firmen der drei befragten Japaner durch Beförderung nach Zeit wieder.[108] Jedoch lassen sich hier Tendenzen erkennen, dass auch Kompetenzen und Leistungen eine zunehmend wichtigere Rolle spielen. Dies wird besonders durch die Aussage der 58-jährigen Person 3 deutlich, wonach Mitarbeiter in seinem Unternehmen früher nur nach Zeit befördert wurden,

---

[107] Vgl. Ergebnisprotokoll 1, S. 1; Schriftliche Befragung, S. 1.

[108] Vgl. Ergebnisprotokoll 1, S. 4; Ergebnisprotokoll 2, S. 3; Schriftliche Befragung, S. 4.

während heute nicht nur die Zeit im Unternehmen zählt, sondern auch die Leistung und Kompetenzen.[109]

Die Hypothese, dass sich in Bezug auf diese Säulen der japanischen Unternehmenskultur aufgrund der Krisen kaum etwas geändert hat, bestätigt auch Waldenberger, indem er betont, dass zwar die Anzahl von nicht regulären Verhältnissen zunimmt, qualitativ gesehen jedoch keine Veränderungen bezüglich der Unternehmensbindung bei den regulär Beschäftigten zu erkennen sind. Die Seniorität sei deutlich abgeflacht in den letzten Jahren, ist jedoch im internationalen Vergleich immer noch stark ausgeprägt.[110]

Bei der Unternehmensidentifikation lässt sich aufgrund der Aussagen der drei Befragten annehmen, dass den Mitarbeitern ihrer jeweiligen Firma, bezüglich des Kulturmodells von Schein, die bekundeten Werte ihres Unternehmens, die offizielle Unternehmensgeschichte, und -philosophie sehr wichtig sind[111] und zu einer verstärkten Unternehmensidentifikation führen. Waldenberger bekräftigt zudem, dass bezüglich des Stellenwertes eines Unternehmens für einen japanischen Mitarbeiter seine Firma „sehr viel" bedeute. Die zeitliche Einbindung sei enorm und soziale Beziehungen bündeln sich seinem Unternehmen.[112] Das lässt den Rückschluss zu, dass das Unternehmen trotz der Wirtschaftskrise in den 90er Jahren nach wie vor eine wichtige Rolle im Leben eines japanischen Mitarbeiters spielt. Jedoch lässt sich laut Waldenberger vermuten, dass die junge Generation diesbezüglich vereinzelnd auch andere Einstellungen zu Unternehmen allgemein hat.[113]

Person 2 gibt an, dass es bei jungen Beschäftigten in seinem Unternehmen wahrscheinlicher ist, dass sie kündigen. Solche Fälle sind jedoch trotzdem selten.[114] Er selbst sagt ferner, dass er nicht lebenslang dort arbeiten, sondern auch eine andere Welt kennenlernen möchte.[115] Dies könnte bedeuten, dass in der Zukunft bei nachkommenden Generationen in Japan vermehrt auch abweichende,

---

[109] Vgl. Schriftliche Befragung, S. 4.

[110] Vgl. Ergebnisprotokoll 3, S. 1.

[111] Vgl. Ergebnisprotokoll 1, S. 2; Ergebnisprotokoll 2, S. 2; Schriftliche Befragung, S. 2.

[112] Vgl. Ergebnisprotokoll 3, S. 2.

[113] Vgl. Ergebnisprotokoll 3, S. 2.

[114] Vgl. Ergebnisprotokoll 2, S. 2

[115] Vgl. Ergebnisprotokoll 2, S. 1.

individualistischere Einstellungen zu Unternehmen gefunden werden können und die Intensität der Unternehmensbindung tendenziell abnimmt.

3.2.2 Aufgabenbereiche, Gruppenarbeit und Rekrutierung

In Bezug auf die gestellten Aufgaben lässt sich eindeutig erkennen, dass wie in der Theorie bereits beschrieben, die Aufgaben in den Unternehmen der befragten Japaner zum größten Teil in Gruppen gelöst werden. Zwei der Befragten antworteten, dass Aufgaben in ihrem Unternehmen in Gruppen bearbeitet werden, Person 3 gab an, dass die Aufgaben in seiner Firma teilweise auch individuell gelöst werden.[116] Das führt zu der Vermutung, dass dies auch auf die Mehrheit japanischer Großunternehmen zutrifft. Zwei der Befragten gaben an, dass sie über längere Zeit in derselben Gruppe arbeiten. Nur Person 2 gab an, dass die Gruppen in seinem Unternehmen alle projektbezogen zusammenarbeiten und etwa alle drei Monate wechseln. In Bezug auf die Aufgaben selbst, geben alle drei Befragten an, dass ihre Aufgaben klar definiert sind.[117] Diese Aussagen geben Hinweise darauf, dass Gruppenarbeit nach wie vor eine wichtige Rolle in der Unternehmenskultur spielt und sich auch hier das ausgeprägte Gruppenbewusstsein der Japaner zeigt.

Diese Vermutung spiegelt sich ebenfalls in Bezug auf das Betriebsklima wieder. Demnach gaben alle drei Befragten an in Großraumbüros zu arbeiten. Zwei der Japaner äußerten sich zufrieden über ihre Privatsphäre. Person 3 gab an nicht viel Privatsphäre zu haben und sich ein eigenes Büro zu wünschen. Gleichzeitig gaben alle drei Mitarbeiter in Bezug auf Gruppenarbeit an, dass von Teilnehmern erwartet wird, dass jeder „hart" arbeitet.[118] Diese Aussagen könnten darauf schließen lassen, dass dadurch zusammen mit der, in westlichen Ländern vergleichsweise, wenigen Privatsphäre Gruppendruck entsteht.

Der in japanischen Unternehmen vorzufindende Gruppendruck wurde bereits im theoretischen Teil anhand der Ausführungen Okumaras beschrieben.[119] Das Thema Gruppendruck kann sich auch in den Aussagen der Befragten zum Betriebsklima wiederfinden. Zwei der befragten Japaner gaben an in ihrem Unternehmen Leistungsdruck zu empfinden und dass dieser Leistungsdruck ihrer Auf-

---

[116] Vgl. Ergebnisprotokoll 1, S. 2; Ergebnisprotokoll 2, S. 1; Schriftliche Befragung, S. 1.

[117] Vgl. Ergebnisprotokoll 1, S. 2; Ergebnisprotokoll 2, S. 1; Schriftliche Befragung, S. 1.

[118] Vgl. Ergebnisprotokoll 1, S. 4 f.; Ergebnisprotokoll 2, S. 3 f.; Schriftliche Befragung, S. 4.

[119] Vgl. OKUMURA, 1998, S. 88 ff.

fassung nach auch für alle Mitarbeiter ihrer Firma gilt.[120] Nur Person 1, die seit 4 Monaten in ihrem Unternehmen arbeitet, empfindet weder Leistungsdruck noch Gruppendruck, betont jedoch, dass Druck bezüglich der Leistung in ihrem Unternehmen grundsätzlich vorhanden sein könnte.[121]

Wie in dem theoretischen Teil bereits dargestellt, bestätigen alle drei Japaner, dass neue Mitarbeiter in ihrem Unternehmen überwiegend an einem fixen Datum rekrutiert werden. Neue Mitarbeiter werden bei den Unternehmen der Befragten im April eingestellt und damit ein Monat nachdem japanische Studenten ihre Universität beendet haben. Die neuen Mitarbeiter kommen jedoch nicht alle von Elite Universitäten, wie in der Literatur beschrieben. Alle drei Japaner gaben an, dass die neuen Mitarbeiter in ihrem Unternehmen Absolventen unterschiedlicher Universitäten sind, teils von Elite Universitäten aber auch von normalen Universitäten kommen.[122] Zwei der Befragten sagten zudem aus, dass das Unternehmen über das Jahr hinweg auch ältere, erfahrene Arbeitskräfte anstellt.[123] Diese beiden Aspekte können eine Lockerung der Rekrutierungsstrategie von Großunternehmen in Japan andeuten. Die Einstellung älterer, erfahrener Mitarbeiter deutet eine gewisse Flexibilität des Arbeitsmarktes an und könnte auf die Wirtschaftskrise der 90er Jahre zurückgeführt werden. Was die gesuchten Kriterien bei der Auswahl der neuen Mitarbeiter angeht, bemerkte Waldenberger jedoch, dass durch die langfristige Bindung an das Unternehmen heutzutage vor allem immer noch die Persönlichkeit und das Potential des Mitarbeiters eine wichtige Rolle spielen.[124] Diese Aussage könnte wiederum darauf hinweisen, dass dieser Aspekt bei der Rekrutierung trotz der Wirtschaftskrise in den 90er Jahren immer noch von vielen Unternehmen praktiziert wird.

3.2.3 Bekundete Werte, Rituale und Zeremonien

Person 1 und Person 3 erzählten die Unternehmensgeschichte ihres Unternehmens und gaben an, dass sie sehr wichtig für sie als Mitarbeiter sei. Person 2 und Person 3 erklärten, dass die Firmenphilosophie ihnen als Mitarbeiter sehr wichtig ist. Zwei der Befragten meinen, dass ihr Unternehmen seine bekundeten Werte auch lebt. Die bekundeten Werte werden in den Unternehmen der Befrag-

---

[120] Vgl. Ergebnisprotokoll 2, S. 4; Schriftliche Befragung, S. 4.

[121] Vgl. Ergebnisprotokoll 1, S. 5.

[122] Vgl. Ergebnisprotokoll 1, S. 2; Ergebnisprotokoll 2, S. 2; Schriftliche Befragung, S. 2.

[123] Vgl. Ergebnisprotokoll 2, S. 2; Schriftliche Befragung, S. 2.

[124] Vgl. Ergebnisprotokoll 3, S. 2.

ten auf unterschiedliche Art und Weise vermittelt. Bei dem Unternehmen der Person 1 erhalten die neuen Mitarbeiter eine einstündige Einführung über die Unternehmensgeschichte, -philosophie und die Werte des Unternehmens. In der Firma von Person 2 wird allen Mitarbeitern einmal im Jahr ein Vortrag über die Unternehmensphilosophie und –werte gehalten. Bei Person 3 gibt es ein kleines Buch, das die Unternehmensphilosophie und –werte beschreibt. Aus diesem Buch wird seinen Angaben nach jeden Morgen vorgelesen. Neue Mitarbeiter erhalten einen Einführungskurs, bei dem ihnen die Unternehmensphilosophie und –werte näher gebracht werden.[125] Diese Aussagen zu den bekundeten Werten der jeweiligen Firmen geben Hinweise darauf, dass diese trotz der Krise in den 90er Jahren und den damit verbundenen Skandalen für die Bindung und Motivation japanischer Mitarbeiter von Großunternehmen eine wichtige Rolle spielen. Aufgrund der Aussagen, dass ihnen diese Werte wichtig sind, kann geschlossen werden, dass bei den bekundeten Werten ebenfalls ein hoher Internalisierungsgrad vorliegt und dies auch für die Mehrheit der japanischen Mitarbeiter zutreffen könnte.

Bezüglich stattfindender Rituale und Zeremonien gaben alle drei befragten Japaner gaben, dass es einmal im Jahr in ihrem Unternehmen eine Aufnahmezeremonie für die neuen Mitarbeiter gibt.[126] Dabei wird in der Firma von Person 1 beispielsweise betont, dass die neuen Mitarbeiter ihr Bestes geben, fleißig sein werden und der Firma treu bleiben sollen.[127] Person 2 gab an, dass bei der Aufnahmezeremonie die Firmenhymne gespielt wird.[128] Des Weiteren erzählten zwei der Befragten von einer „Awarding Ceremony", also eine Art Anerkennungszeremonie für Mitarbeiter, die eine besondere Leistung erbracht haben.

Person 3 führte dazu aus, dass es diese Zeremonie schon seit langer Zeit in seinem Unternehmen gibt, die betroffenen Mitarbeiter Geld erhalten und sich die Zeremonie in seinem Unternehmen besonderer Beliebtheit erfreut.[129] Somit erscheinen Zeremonien nach wie vor ein wichtiges Element japanischer Unternehmenskultur zu sein. Waldenberger unterstützt diese Vermutung. Morgenapelle, Bonenkai, Shinenkai – also Jahresabschlussfeiern gehören seinen Ausfüh-

---

[125] Vgl. Ergebnisprotokoll 1, S. 2 f.; Ergebnisprotokoll 2, S. 2; Schriftliche Befragung, S. 2.

[126] Vgl. Ergebnisprotokoll 1, S. 3, Ergebnisprotokoll 2, S. 2, Schriftliche Befragung S. 3.

[127] Vgl. Ergebnisprotokoll 1, S. 3.

[128] Vgl. Ergebnisprotokoll 2, S. 2.

[129] Vgl. Schriftliche Befragung, S. 3.

rungen nach ebenso zu Ritualen und Zeremonien, die in vielen Großunternehmen Japans noch heute stattfinden. Auch die Trinkkultur der japanischen Mitarbeiter könne als Ritual angesehen werden. Rituale und Zeremonien erachtet Waldenberger auch heutzutage als sehr wichtig für die Unternehmensidentifikation der Mitarbeiter japanischer Großunternehmen.[130] Person 2 machte am Ende des Gespräches die Anmerkung, dass es im Japanischen den Begriff der „Nomunication" gibt, eine Zusammensetzung aus Nome – japanisch für (alkoholisches) Getränk und communication – Kommunikation also Trinkkommunikation. Dies ist seiner Meinung nach eine soziale Verpflichtung in Japan. Trinken erlaube es Japanern allgemein, freundlich und offen zu sein, weil Japaner seiner Auffassung nach nicht gut darin seien ihre wirkliche Meinung auszudrücken. Für Meetings oder Konferenzen würden japanische Mitarbeiter deswegen, gemeinsam trinken gehen. Dadurch sei man ehrlicher und schwierige Themen könnten in einer Bar besser besprochen werden.[131]

Zwei der befragten Japaner gaben an, dass ihr Unternehmen eine Firmenhymne hat und in allen drei Unternehmen muss Business Kleidung getragen werden.[132] Rituale und Zeremonien erscheinen also genauso wie auch das Vorhandensein einer firmenspezifischen Hymne und eines Dresscodes auch heute als wichtiger Aspekt japanischer Unternehmenskultur. Die Wirtschaftskrise der 90er Jahre hat sich demnach tendenziell wenig auf stattfindende Rituale der Großunternehmen in Japan ausgewirkt.

3.2.4 Entscheidungsfindung und hierarchische Strukturen

Alle drei befragten japanischen Mitarbeiter gaben an, dass das Ringisho in ihrem Unternehmen verwendet wird. Den Angaben zufolge wird es in den drei Unternehmen der Befragten bei wichtigen Entscheidungen eingesetzt.[133] Das Ringisho ist demnach tendenziell nach wie vor ritueller Bestandteil bei der Entscheidungsfindung in japanischen Unternehmen. Person 3 führte dazu aus, dass das Dokument jedoch lediglich zur Information der Mitarbeiter verwendet wird. Es solle allen suggerieren, dass sie am Entscheidungsprozess teilhaben. Nach Meinungen würde jedoch nicht gefragt.[134] Person 1 und Person 2 fügen hinzu, dass

---

[130] Vgl. Ergebnisprotokoll 3, S. 2.

[131] Vgl. Ergebnisprotokoll 2, S. 4 f.

[132] Vgl. Ergebnisprotokoll 1, S. 3, Ergebnisprotokoll 2, S. 2, Schriftliche Befragung S. 3.

[133] Vgl. Ergebnisprotokoll 1, S. 4, Ergebnisprotokoll 2, S. 3, Schriftliche Befragung, S. 3.

[134] Vgl. Schriftliche Befragung, S. 3

die Mitarbeiter in ihrem Unternehmen nicht an Entscheidungen beteiligt sind.[135] Diese Angaben legen die Annahme nahe, dass die Ausführungen des Autors Okumara zur Entscheidungsfindung in japanischen Unternehmen auf diese Firmen zutreffen und das Ringisho Dokument einen rein formellen Charakter aufweist.[136] Dadurch könnte man auch darauf schließen, dass hier die Unternehmensführung eher autoritär als partizipativ aussieht. Bezüglich der Entscheidungsfindung kann angenommen werden, dass sich durch die Wirtschaftskrise der 90er Jahre dementsprechend wenig geändert hat. Der Aspekt der autoritären Unternehmensführung führt uns zum nächsten Thema, den hierarchischen Strukturen in den Unternehmen der befragten Japaner.

Zu den hierarchischen Strukturen kam es bei den Befragten zu eindeutigen Aussagen. Person 1 und Person 3 gaben an, dass die Hierarchien in ihrem Unternehmen sehr strikt sind.[137] Person 2 betonte, dass vor allem in der Bank, in der er vorher arbeitete strikte Hierarchien vorzufinden waren.[138] In allen drei Firmen sind somit strikte, hierarchische Strukturen vorzufinden. Person 2 fügte ferner hinzu, dass jeder Mitarbeiter, der bereits länger als sie in der Firma angestellt ist, als „Senpai" anzusehen sei und mit Respekt behandelt werden muss.[139]Alle drei befragten japanischen Mitarbeiter erklärten, dass die hierarchischen Stufen der einzelnen Mitarbeiter in ihrem Unternehmen anhand der Sitzordnung zu erkennen sind.[140]

Person 1 führte dazu aus, dass je höher der hierarchische Rang eines Mitarbeiters ist, desto näher sitzt er am Fenster, je niedriger der Rang, desto näher sitzt er an der Tür. Diese Regelung sei Teil der japanischen Tradition.[141] Hier zeigt sich auf diese Weise auch die enge Verknüpfung von Kultur und Unternehmenskultur in den Unternehmen.

Waldenberger erklärt dazu, dass in Japan einerseits klare Hierarchien vorzufinden sind, andererseits würden viele Aufgaben und Verantwortungen nach unten delegiert. Alles finde jedoch in sehr klaren hierarchischen Strukturen statt. Zu-

---

[135] Vgl. Ergebnisprotokoll 1, S. 4, Ergebnisprotokoll 2, S. 3.

[136] Vgl. OKUMURA, H., 1998, S. 75.

[137] Vgl. Ergebnisprotokoll 1, S. 4; Schriftliche Befragung, S. 4.

[138] Vgl. Ergebnisprotokoll 2, S. S. 3.

[139] Vgl. Ergebnisprotokoll 1, S. 4.

[140] Vgl. Ergebnisprotokoll 1, S. 4;Ergebnisprotokoll 2, S. 3; Schriftliche Befragung, S. 4.

[141] Vgl. Ergebnisprotokoll 1, S. 4.

sammen mit dem Senioritätsprinzip entstehe dadurch doppelte Autorität.[142] Zwei der drei Befragten gaben auf die Frage, welche Eigenschaften eine gute Führungskraft haben sollte jedoch an, dass eine gute Führungskraft auf die Meinung seiner Mitarbeiter hören sollte.[143] Hier könnte sich ein Konflikt zwischen den strikt, hierarchischen Strukturen, der bereits erläuterten, autoritären Entscheidungsfindung und dem Wunsch der Mitarbeiter, sich mehr einzubringen andeuten. Dieses Bedürfnis sich selbst mehr einzubringen kann die lange Wirtschaftskrise der 90er Jahre als Ursache haben, da dadurch das Vertrauen in die Führungskräfte geringer geworden sein könnte.

3.2.5 Arbeitsklima, Karoshi und Kündigung

Das Thema der Meinungsäußerung und offenen Kommunikation scheint in japanischen Großunternehmen tendenziell immer noch schwierig zu sein. Person 1 gab an, dass in ihrer Arbeitsgruppe zwar eine offene Kommunikation herrscht und Meinungen erwünscht sind, jedoch betont sie, dass dies eher eine Ausnahme in ihrem Unternehmen darstellt.[144] Person 2 führt aus, dass vor allem in der Bank Kritik nicht erwünscht war, jedoch in der jetzigen Arbeitsumgebung willkommen sei.[145] Person 3 gab an, dass er selbst als Führungskraft Kritik zwar willkommen heißt, dies aber auf die anderen Vorgesetzten in seinem Unternehmen nicht zutrifft.[146] Demnach zeigt sich, dass erste Veränderungen beginnen, jedoch lässt sich annehmen, dass offene Kommunikation und Kritik vor allem in traditionelleren Unternehmen immer noch ein schwieriges Thema darstellen.

Des Weiteren wird auch hier wieder der Zusammenhang zwischen der Kultur und der Mentalität der Japaner mit der Unternehmenskultur ersichtlich. Zwei der Befragten gaben an, dass es grundsätzlich in Japan schwer sei Kritik zu äußern, da dies sehr schnell verletzend sein kann.[147]

In den Unternehmen der befragten japanischen Mitarbeiter bestätigte sich das Bild, dass Japaner einen Großteil ihrer Freizeit mit ihren Kollegen verbringen. Person 1 gab hier an, dass man in ihrem Unternehmen zweimal pro Woche gemeinsam mit dem Team und den Vorgesetzten trinken geht und die Teilnahme

---

[142] Vgl. Ergebnisprotokoll 3, S. 2.

[143] Vgl. Ergebnisprotokoll 2, S. 3; Schriftliche Befragung, S. 3.

[144] Vgl. Ergebnisprotokoll 1, S. 4f.

[145] Vgl. Ergebnisprotokoll 2, S. 3.

[146] Vgl. Schriftliche Befragung, S. 4.

[147] Vgl. Ergebnisprotokoll 1, S. 4; Ergebnisprotokoll 2, S. 3.

daran verpflichtend sei.[148] Person 2 sagte aus, dass er in der Bank, in der er vorher arbeitete, all seine Freizeit mit Kollegen verbrachte. Im jetzigen Unternehmen beschränke sich dies auf zwei bis drei Mal pro Woche, bei denen man gemeinsam trinken gehe.[149] Person 3 erklärte, dass sich die Zeit, die er mit Kollegen verbringt in den letzten Jahren verringert hat. Früher verbrachte er zehnmal im Monat Zeit mit seinen Kollegen außerhalb der Arbeitszeiten, heute sei es nur noch zweimal im Monat.[150] Diese Angaben legen die Vermutung nahe, dass gemeinsame Aktivitäten von Kollegen und Vorgesetzten in der Freizeit auch heute noch einen wichtigen Aspekt der Unternehmenskultur dieser Großunterunternehmen darstellen. Jedoch lässt sich anhand der Aussagen von Person 2 und Person 3 auch erkennen, dass sich die gemeinsamen Aktivitäten mit Kollegen in der Freizeit in den letzten Jahren verringert haben.

Zu dem Thema Betriebsklima gaben zwei der Befragten an, dass es zu Mobbing in ihrem Unternehmen kommt, sie selber aber nicht betroffen sind.[151] Person 1 erklärte dazu, dass es in ihrem Unternehmen vor allem bei zu geringer Leistung zu Mobbing kommt und dass dies allgemein nicht selten in japanischen Unternehmen sei.[152] Dies legt die Vermutung nahe, dass wie auch bereits durch andere Aspekte ersichtlich, der Leistungsdruck in japanischen Unternehmen enorm ist und auch heute noch als Teil japanischer Unternehmenskultur angesehen werden kann. Dabei ist ebenfalls zu vermuten, dass durch die Wirtschaftskrise in den 90er Jahren der Druck auf die Mitarbeiter gestiegen ist.

Zu dem Thema Karoshi, also Tod durch Überarbeitung, kam es bei den befragten, japanischen Mitarbeitern zur klaren Stellungnahme. Alle drei Japaner gaben an, dass das Thema Tod durch Überarbeitung in Japan ihrer Auffassung nach weniger relevant geworden ist und Fälle von Karoshi in ihrem Unternehmen ihres Wissens nach nicht vorgekommen sind.[153] Person 1 führte dazu aus, dass Depressionen und Selbstmorde aufgrund von zu viel Arbeit und Frustration in Firmen heute relevanter geworden sind. Suizidfälle würden sich in Unternehmen vor allem während auftretender Wirtschaftskrisen häufen.[154] Auch Waldenberger

---

[148] Vgl. Ergebnisprotokoll 1, S. 5.

[149] Vgl. Ergebnisprotokoll 2, S. 4.

[150] Vgl. Schriftliche Befragung, S. 4.

[151] Vgl. Ergebnisprotokoll 1, S. 5; Schriftliche Befragung, S. 4.

[152] Vgl. Ergebnisprotokoll 1, S. 5.

[153] Vgl. Ergebnisprotokoll 1, S. 5; Ergebnisprotokoll 2, S. 4; Schriftliche Befragung, S. 5.

[154] Vgl. Ergebnisprotokoll 1, S. 5.

bestätigt, dass die Relevanz von Karoshi in japanischen Unternehmen abgenommen hat. Das Thema sei auch in der japanischen Presse weniger präsent. Dies ist laut Waldenberger darauf zurückzuführen, dass es vor einigen Jahren in Japan zu einer besonderen Rechtsprechung diesbezüglich kam. Diese besagte, dass die betreffenden Unternehmen bei Fällen von Karoshi die Verantwortung dabei tragen. Seiner Meinung nach wird das Thema Tod durch Überarbeitung in der Zukunft immer mehr in den Hintergrund rücken, dies hänge jedoch auch von der Wirtschaftsentwicklung ab.[155] Den Aussagen von Person 1 und Waldenberger zufolge, lässt sich annehmen, dass Fälle von Karoshi, aber auch Selbstmordfälle in Unternehmen verstärkt in wirtschaftlichen Krisenzeiten auftreten. Kommt es also in der Zukunft erneut zu einer langanhaltenden Wirtschaftskrise, könnte die Zahl der Opfer durch Überarbeitung wieder zunehmen.

Bezüglich der Kündigungen im Unternehmen sagten alle drei Befragten aus, dass Entlassungen in ihren Firmen nur selten vorkommen.[156] Dazu erklärten Person 2 und Person 3, dass Kündigungen in ihrem Unternehmen hauptsächlich aufgrund von Nichteinhaltung der Anordnungen durchgeführt werden.[157] Dies legt die Vermutung nahe, dass trotz der langanhaltenden, wirtschaftlichen Krise der 90er Jahre die japanischen Großunternehmen an der Mitarbeiterbindung festhalten. Person 1 sagte zudem aus, dass Unternehmen in Japan alles versuchen, um ihre Mitarbeiter nicht zu kündigen.[158]

Diese Aussagen bestätigen ebenfalls die zuvor bereits besprochene Relevanz der lebenslangen Anstellung in der japanischen Unternehmenskultur. Es lässt sich also annehmen, dass die Großunternehmen in ihrer Unternehmenskultur genauso daran festhalten, wie auch auf der anderen Seite die Mehrheit ihrer Mitarbeiter.

3.2.6 Die Rolle der Frauen in japanischen Großunternehmen

Bezüglich der Frauen in japanischen Großunternehmen äußerte Person 1, dass sie es als Frau sehr schwer hat Arbeit zu finden. Männer seien für Unternehmen generell lukrativer, da sie das Unternehmen nicht für die Familiengründung verlassen. Es gibt ihren Angaben nach nur sehr wenige Frauen in ihrem Unternehmen und die meisten arbeiten als „office ladies", übernehmen also Sekretärinnen

---

[155] Vgl. Ergebnisprotokoll 3, S. 2.

[156] Vgl. Ergebnisprotokoll 1, S. 6; Ergebnisprotokoll 2, S. 4; Schriftliche Befragung, S. 5.

[157] Vgl. Ergebnisprotokoll 2, S. 4; Schriftliche Befragung, S. 5.

[158] Vgl. Ergebnisprotokoll 1, S. 6.

Funkionen.[159] Auch Person 2 und Person 3 erklärten, dass in ihren Unternehmen nur wenige Frauen angestellt sind und die meisten als „office ladies" arbeiten.[160] Waldenberger bestätigte diese Aussagen, indem er angab, dass Frauen in japanischen Unternehmen nicht ihren Qualifikationen gemäße Positionen erhalten und von Frauenquoten würden japanische Unternehmen nicht viel halten.[161] Ein großes Problem für Frauen ist laut Waldenberger, dass sie sich in den Firmen wie Männer verhalten müssten, um erfolgreich zu sein. Gleichzeitig würden auch die Work-Life Balance und die Unvereinbarkeit von Arbeitsbedingungen mit der Familie große Hürden für eine mögliche Verbesserung der Situation für Frauen in japanischen Unternehmen darstellen. Die Erwerbstätigkeit von weiblichen Arbeitskräften sei im internationalen Vergleich nicht niedrig, jedoch betonte er, dass die Art ihrer Einsetzung in den Unternehmen nicht ihren Qualifikationen entspräche.[162] Diese Einschätzungen geben Hinweise darauf, dass sich trotz der Wirtschaftskrise während der 90er Jahre in japanischen Großunternehmen bezüglich der Rolle von Frauen in der japanischen Unternehmenskultur nicht viel geändert hat.

Für die diesbezügliche Entwicklung in der Zukunft erklärte Waldenberger, dass Japan es sich auf Dauer nicht leisten könne Frauen so zu behandeln.[163]

3.2.7 Veränderungen der japanischen Unternehmenskultur

Hinsichtlich wahrgenommener Veränderungen in der Unternehmenskultur der jeweiligen, japanischen Mitarbeiter kam es zu keinen, relevanten Aussagen. Auf die Frage, was sich in der nächsten Zeit in ihrem Unternehmen bezüglich des Arbeitsalltags und ihrer Unternehmenskultur ihrer Meinung nach verändern würde, gaben alle drei Befragten an, dass sich ihrer Auffassung nach in den nächsten Jahren nichts ändern wird.[164]

---

[159] Vgl. Ergebnisprotokoll 1, S. 6.

[160] Vgl. Ergebnisprotokoll 2, S. 4, Schriftliche Befragung, S. 5.

[161] Vgl. Ergebnisprotokoll 3, S. 3

[162] Vgl. Ergebnisprotokoll 3, S. 3.

[163] Vgl. Ergebnisprotokoll 3, S. 3.

[164] Vgl. Ergebnisprotokoll 1, S. 5; Ergebnisprotokoll 2, S. 4; Schriftliche Befragung, S. 5.

Wie bereits vorher beschrieben können die Faktoren Prägnanz, Verbreitungsgrad, Verankerungstiefe und Persistenz nach Steinmann und Schreyögg als Indikatoren für die Stärke einer Unternehmenskultur ausgemacht werden.[165] Während der Gespräche mit den Japanern konnte die Mehrheit der Merkmale, die bereits in den 80er und 90er Jahren in der Literatur über japanische Unternehmenskultur auftauchen, wiedergefunden werden. Persistenz und Verbreitungsgrad von Unternehmenskultur in japanischen Großunternehmen können demzufolge als sehr hoch eingestuft werden. Auch die Prägnanz und der Grad der Verinnerlichung der Unternehmenswerte scheinen bei den befragten, japanischen Mitarbeiter trotz kleiner Abweichungen allgemein hoch zu sein.

Waldenberger erläuterte, dass es erhebliche Unterschiede zwischen den verschiedenen Unternehmen in Japan gäbe, da sie wie eigene, geschlossene Einheiten fungieren und sich dadurch in der Kultur viel eigenständiger entwickeln. Die Kulturen verschiedener Unternehmen in Japan seien auch deswegen so unterschiedlich, weil zudem kein Austausch von Mitarbeitern zwischen den Firmen stattfinde. Es gäbe allgemein jedoch bestimmte Merkmale, die auf japanische Unternehmen eher zutreffen als auf andere. Dies betrifft beispielsweise die Loyalität der Mitarbeiter bedingt durch die Beschäftigungssituation und die ausgeprägte Konsensentscheidung.

In Bezug auf die Stärke japanischer Unternehmenskultur gab Waldenberger an, dass japanische Unternehmenskultur allgemein immer noch als sehr stark angesehen werden kann. Es gäbe eine gelebte Kultur, die sehr stark ist, aber oft nicht positiv ist. Waldenberger führte dazu aus: „es ist […], wenn man es mit anderen Sachen vergleicht wie eine Sekte. Die [Japaner] treten mit 20 Jahren [in das Unternehmen] ein und sind dann 30 Jahre dort gebunden".[166]

Krisen allgemein, aber auch die Wirtschaftskrise der 90er Jahre haben in Japan seiner Meinung nach nicht zu Veränderungen der Unternehmenskultur geführt. Vielmehr wurden durch die Krisen, wie zum Beispiel auch im Falle des Reaktoren Unglücks in Fukushima, die dunklen Seiten japanischer Unternehmenskultur offengelegt.[167]

---

[165] Vgl. STEINMANN, H.; SCHREYÖGG, G.,1993, S. 594 ff.

[166] Vgl. Ergebnisprotokoll 3, S. 1.

[167] Vgl. Ergebnisprotokoll 3, S. 3.

3.3 Fazit und Ausblick

Japan konnte aufgrund der bewussten, jahrhundertelangen Isolierung von der Außenwelt eine einzigartige Kultur entwickeln, die sich sehr von anderen Kulturen unterscheidet. Dies findet sich auch bei der Betrachtung von Unternehmenskultur in Japan wieder. Bei den Gesprächen mit drei, japanischen Mitarbeitern von Großunternehmen in Japan konnte überraschenderweise festgestellt werden, dass sich die Mehrheit der bereits in der Theorie dargestellten Merkmale japanischer Unternehmenskultur trotz der langanhaltenden Wirtschaftskrise in den 90er Jahren in ihren Unternehmen wiederfindet. Die Unternehmensbindung der Mitarbeiter und das Senioritätsprinzip als Säulen japanischer Unternehmenskultur scheinen für Angestellte japanischer Großunternehmen wie auch für die Firmen selbst nach wie vor eine wichtige Rolle zu spielen. Lediglich in Bezug auf die Rekrutierungsstrategien lassen sich in den Befragungen Hinweise darauf finden, dass aufgrund der Wirtschaftskrise in den 90er Jahren Flexibilität bei der Einstellung neuer Mitarbeiter eine immer größere Rolle spielt. Das Gruppenbewusstsein, der Leistungsdruck und strikte, hierarchische Strukturen spiegeln sich jedoch, den Aussagen der Befragten zufolge heutzutage in ihren Firmen wieder, was vermuten lässt, dass dies auch auf die Mehrheit der Großunternehmen in Japan zutrifft.

Es kann angenommen werden, dass die wirtschaftliche Krise der 90er Jahre die meisten zentralen Aspekte von Unternehmenskultur japanischer Großunternehmen kaum verändert hat. Dies bekräftigte auch das Gespräch mit Herr Prof. Dr. Waldenberger.

Man kann also von einer besonderen Stärke japanischer Unternehmenskultur sprechen, die jedoch nicht nur Vorteile hat. Schein betont in Bezug auf starke Kulturen, dass starke Konformität einer Organisation in frühen Wachstumsphasen hilfreich ist, sich jedoch später auch negativ auswirken kann, da dadurch Flexibilität und Anpassungsfähigkeit eingeschränkt sein können.[168] Genau diese Flexibilität brauchen japanische Firmen auch bezogen auf ihre Unternehmenskultur, denn Japan muss sich neben der anhaltenden, wirtschaftlichen Stagnation auch weiteren Problemen stellen. Genau wie Deutschland ist Japan von einem starken, demographischen Wandel betroffen, was schwerwiegende, wirtschaftli-

---

[168] Vgl. SCHEIN, E.H., 1995, S. 73.

che Probleme hervorrufen wird[169] und demnach zwangsläufig auch die Firmen mit ihrer Unternehmenskultur beeinflussen wird. Doch nicht nur diese Probleme zwingen die Wirtschaftspolitik in Japan und japanische Firmen zum Umdenken. Gerade angesichts des demographischen Wandels sollten Unternehmen das Potenzial weiblicher Arbeitskräfte besser nutzen und gleichzeitig auch in ihrer Unternehmenskultur für Vereinbarkeit von Familie und Beruf sorgen. Auch stellt sich die Frage, ob sich durch die demographische Entwicklung in Japan das Modell des Senioritätsprinzips und der lebenslangen Anstellung in dieser Form weiter halten kann. Durch die überalternde Gesellschaft könnte dieses Konzept die Flexibilität und Wettbewerbsfähigkeit der Unternehmen sehr einschränken.

Neben den bereits genannten Faktoren macht die japanische Gesellschaft im Zuge der Globalisierung langsam einen Wertewandel durch, bei dem moderne, „westliche" Werte wie Individualismus, Materialismus und Hedonismus vor allem bei jungen Japanern immer mehr an Bedeutung gewinnen.[170] Durch neue Rahmenbedingungen sind japanische Unternehmen langfristig gezwungen ihre Strukturen grundlegend zu überdenken.

In Anbetracht der Stärke von japanischer Unternehmenskultur allgemein und den, allem Anschein nach, sehr starren Strukturen innerhalb der Firmen, stellt sich die Frage, wie sich japanische Großunternehmen in Bezug auf ihre Unternehmenskultur der Herausforderung durch die fortschreitende Internationalisierung stellen wollen.

Um ein umfangreicheres Bild von der Unternehmenskultur japanischer Großunternehmen zu erhalten, würde es sich anbieten neben einer höheren Anzahl von Wissenschaftlern und Mitarbeitern japanischer Großunternehmen ebenfalls Geschäftsführer und das Personalmanagement zu befragen. Dadurch könnte der Blick auf die strategische Ebene von Unternehmenskultur erweitert werden. Für die weitere Forschung würde es sich ferner anbieten eine quantitative Umfrage mit japanischen Mitarbeitern von verschiedenen Großunternehmen durchzuführen, um dadurch einen tieferen Einblick in die derzeitige Situation zu erhalten. Auch die Rolle der Frauen in japanischen Unternehmen bietet sich als relevanter und aktueller Aspekt bei der Betrachtung der weiteren Entwicklung japanischer

---

[169] Vgl. GILLERT, Sonja: *Japans Bevölkerung stirbt langsam aus.* Die Welt online, 24. Juni 2013, http://www.welt.de/politik/ausland/article117397916/Japans-Bevoelkerung-stirbt-langsam-aus.html, Abgerufen am 20.12.2013.

[170] Vgl. KEVENHÖRSTER, P.; PASCHA, W.; SHIRE, K..A, 2003, S. 265 f.

Unternehmenskultur an und könnte zum Gegenstand weiterer Forschungen gemacht werden.

In dieser Arbeit wurde die Unternehmenskultur von Großunternehmen Japans beleuchtet. Es entsteht also auch die Frage, wie sich die zahlreichen Mittel- und Kleinbetriebe entwickelt haben. Inwieweit finden sich Grundzüge japanischer Unternehmenskultur heutzutage in Mittel- und Kleinbetrieben? Welche Unterschiede gibt es diesbezüglich zu den Großunternehmen in Japan? Wie verhält sich das Thema Unternehmenskultur für die nicht

Literaturverzeichnis

ARGY, V.; STEIN L.: *The Japanese Economy, London*, 1997, zitiert nach KEVENHÖRSTER, Paul; PASCHA, Werner; SHIRE, Karen A.: *Japan, Wirtschaft-Gesellschaft-Politik.*Opladen: Leske+Budrich, 2003, S. 61.

BLACK, J. Stewart; MORRISON, Allen J.: *Sunset in the Land of the rising Sung – Why Japanese multinational corporations will struggle in the global future.* New York: Insead Business Press, 2010.

BURGSCHWEIGER, Nadine: *Wirtschaft, Rezession, Transformation und Konjunkturerholung* in *Japan – Land und Leute, Geographie und Geschichte, Politik und Wirtschaft, Kultur und Gesellschaft.* HAASCH, Günther (Hrsg.), Berlin: Berliner Wissenschaftsverlag, 2010, S. 99-131.

CHIAVACCI, D.: *Gesellschaft, Familie und Geschlechterrollen.* In *Japan – Land und Leute, Geographie und Geschichte, Politik und Wirtschaft, Kultur und Gesellschaft.* HAASCH, Günther (Hrsg.), Berlin: Berliner Wissenschafts-Verlag, 2011, S. 61-93.

COOL, Karel O.; LENGNICK-HALL, Cynthia: *Second thoughts on the transferabilty of the Japanese Management style.* European Group of organizational study, Vol 6., Nr. 1, Januar 1985, S. 1-22.

CORNELSSEN, Inse: *Der Fall Japan, Kultur als Triebkraft wirtschaftlicher Entwicklung, Untersuchung zur ökonomischen Relevanz immaterieller Werte.* Frankfurt: Europäische Hochschulschriften, Reihe 5, Volks- und Betriebswirtschaft, Bd. 1216, zugleich Diss., 1991.

COULMAS, Florian: *Die Kultur Japans, Tradition und Moderne.* München: Beck Verlag, 2003.

DAFT, R. L. *Symbols in Organizations*, in: PONDY, L.R./FROST, P. J./MORGAN, G./DANDRIGE, T.C. (Hrsg.): Organizational Symbolism. S. 198 ff. zitiert nach HEINEN, Edmund; FANK, Matthias: *Unternehmenskultur, Perspektiven für Wissenschaft und Praxis.* München: Oldenbourg Verlag, 1997, S. 110.

DEMES, Helmut: *Arbeitsmakrt und Beschäftigung.* In *Die Wirtschaft Japans, Strukturen zwischen Kontinuität und Wandel.* Deutsches Institut für Japanstudien (Hrsg.), 1998, S. 135-165.

DOROW, Wolfgang; GROENEWALD, Horst (Hrsg.): *Personalwirtschaftlicher Wandel in Japan, Gesellschaftlicher Wertewandel und Folgen für die Unternehmungskultur und Mitarbeiterführung*. Wiesbaden: Gabler Verlag, 2003.

ELI, Max: *Die Bedeutung wirtschaftlicher Verbundgruppen: Netzwerkstruktur und Keiretsu-Effekt*. In *Länderbericht Japan – Geographie, Geschichte, Politik, Wirtschaft, Gesellschaft, Kultur*. MAYER, Hans Jürgen; POHL, Manfred (Hrsg.), Darmstadt: Wissenschaftliche Buchgesellschaft, 1995, S. 265-278.

FLATH, David: *The Japanese Economy*. 2. Aufl. New York: Oxford University Press, 2005.

FLÜCHTER, Winfried: *Geogrpahische Fragestellungen, Strukturen, Probleme*. In: *Länderbericht Japan, Geographie, Geschichte, Politik, Wirtschaft, Gesellschaft, Kultur*. MAYER, Hans Jürgen, POHL, Manfred (Hrsg.), Darmstadt: Wissenschaftliche Buchgesellschaft, 1995, S. 17-54.

FINSTERBUSCH, Stephan: *Historische Finanzkrisen: Japan 1990, Börsenkrach im Zeichen der orakelnden Kröte*. Frankfurter Allgemeine online, 7. Juli 2008, http://www.faz.net/aktuell/finanzen/fonds-mehr/historische-finanzkrisen-japan-1990-boersenkrach-im-zeichen-der-orakelnden-kroete-1279852.html, Abgerufen am 10.1.2014.

FROSCHAUER, U.; LÜGER, M.: *Das qualitative Interview*. Wien, 2003, S. 16, zitiert nach BAUMGARTH, C.; EISEND, M.; EVANSCHITZKY, H. (Hrsg.): *Empirische Mastertechniken, Eine anwendungsorientierte Einführung für die Marketing- und Managementforschung*. Wiesbaden: Gabler Verlag, 1. Aufl. 2009.

GERMIS, Carsten: *Export-Boom – Die Japan AG meldet sich zurück,* Frankfurter Allgemeine Zeitung online, 28.9.2013, http://www.faz.net/aktuell/wirtschaft/wirtschaftspolitik/export-boom-die-japan-ag-meldet-sich-zurueck-12594706.html, Abgerufen am 27.10.2013.

GILLERT, Sonja: *Japans Bevölkerung stirbt langsam aus*. Die Welt online, 24. Juni 2013, http://www.welt.de/politik/ausland/article117397916/Japans-Bevoelkerung-stirbt-langsam-aus.html, Abgerufen am 20.12.2013.

GOYDKE, Tim T. (Hrsg.); KUHNERT, Iris; SACKMANN, Sonja; et al.: *Corporate Culture in China and Japan*. Münster: MV Wissenschaftsverlag, 2010.

HAACK, Rene (Hrsg.): *Arbeitswelten in Japan*. Deutsches Institut für Japanstudien, München: Iudicium Verlag, 2006.

HAASCH, Günther (Hrsg); BLECHINGER-TALCOTT, Verena; BURG-SCHWEIGER, Nadine; CHIAVACCI, David; HAASCH, Günther; HOFMAN, Alexander; KÖNIGSBERG, Matthew; PLENEFISCH; Julian; REGELSBERGER, Andreas; WEINGÄRTNER, Till: *Japan-Land und Leute, Geographie und Geschichte, Politik und Wirtschaft, Kultur und Gesellschaft*. Berlin: Berliner Wissenschaftsverlag, 2011.

HAASCH, Günther: *Geschichte, Vom Korea-Krieg bis zum Platzen der Bubble economy* in *Japan-Land und Leute, Geographie und Geschichte, Politik und Wirtschaft, Kultur und Gesellschaft*. HAASCH, Günther (Hrsg.), Berlin: Berliner Wissenschaftsverlag, 2011, S. 23-59.

HATVANY, Nina; PUCIK, Vladimir: *An integrated Management System: Lessons from the Japanese Experience*. The Academy of Management Review, Vol. 6, Nr. 3, Juli 1981, S. 469-480.

HEINEN, Edmund; FRANK, Mathias: *Unternehmenskultur, Perspektiven für Wissenschaft und Praxis*. 2. Aufl. München: Oldenbourg, 1997.

HEMMER, Martin; LÜTZELER, Ralph: *Landeskunde und wirtschaftliche Entwicklung seit 1945* in *Die Wirtschaft Japans, Strukturen zwischen Kontinuität und Wandel*. Berlin: Springer Verlag, 1998, S. 1-19.

HOMMA, Norbert, BAUSCHKE, Rafael.: *Unternehmenskultur und Führung, Den Wandel gestalten – Methoden, Prozesse, Tools*. Wiesbaden: Gabler Verlag, 2010.

HOFSTEDE, Geert; HOFSTEDE Gert J.: *Cultures and Organizations, Software oft he mind*. New York: McGraw Hill, 2005.

JOHNSTON, Eric: *Japan´s bubble economy, Lessons from when the bubble burst* in: The Japan Times, 6. Januar 2009, http://www.japantimes.co.jp/news/2009/01/06/news/lessons-from-when-the-bubble-burst/#.UsBvU_TuK5I, Abgerufen am 21.10.2013.

KEVENHÖRSTER, Paul; PASCHA, Werner; SHIRE, Karen A.: *Japan, Wirtschaft-Gesellschaft-Politik.*Opladen: Leske+Budrich, 2003.

KOTTER, John P, HESKETT, James L.: *Corporate culture and performance*. New York: The Free Press, 1992.

Konjunktur, Arbeitslosigkeit in Japan auf Rekordhöhe. Frankfurter Allgemeine online, 28. August 2001, http://www.faz.net/aktuell/wirtschaft/konjunktur-arbeitslosigkeit-in-japan-auf-rekordhoehe-131945.html, Abgerufen am 10.1.2014.

KUHNERT, Iris: *Corporate Culture in China and Japan*. Münster: MV Wissenschaftsverlag, 2010.

LIES, Jan: *Unternehmenskultur*, Gabler Wirtschaftslexikon online, http://wirtschaftslexikon.gabler.de/Definition/unternehmenskultur.html, Abgerufen am 28.10.2013.

LILL, Felix: *Japan, Land der Ausgegrenzten* in Zeit Online, 26. Juli 2013, http://www.zeit.de/2013/31/japan-frauen-karriere, Abgerufen am 1.12.2013.

LILL, Felix: *Staatsverschuldung, Japan steckt in der Deflatationsfalle*. Zeit online, 13. November 2012, http://www.zeit.de/wirtschaft/2012-11/japan-staatsschuld-rezession, Abgerufen am 6. Dezember 2013.

MAYER, H. O. *Interview und schriftliche Befragung.*München, Wien, 2002, S. 37 zitiert nach BAUMGARTH, C.; EISEND, M.; EVANSCHITZKY, H. (Hrsg.): *Empirische Mastertechniken, Eine anwendungsorientierte Einführung für die Marketing- und Managementforschung*. Wiesbaden: Gabler Verlag, 1. Aufl. 2009.

MAYER, Hans Jürgen; POHL, Manfred (Hrsg.); SEIFERT, Wolfgang; ELI, Max; FLÜCHTER, Winfried; TRÄNHARDT, Anna M; WEBER, Claudia SCHNEIDER, Roland et. Al.: *Länderbericht Japan, Geographie, Geschichte, Politik, Wirtschaft, Gesellschaft, Kultur*. Darmstadt: Wissenschaftliche Buchgesellschaft, 1995.

OKUMURA, Hiroschi: *Japan und seine Unternehmen, Einführung in gegenwärtige Strukturprobleme*. München: Oldenbourg, 1998.

OUCHI, William G. *Theory Z, How American business can meet the Japanese challenge*. New York: Avon, 1982.

PICKEN, Stuart D.B.: *Values and value related strategies in Japanese corporate culture*. Journal of Business Ethics, 2. Februar 1987, Vol. 6, Nr. 2, S. 137-143.

RARICK, Charles A.: *The Philosophical Impact of Shintoism, Buddhism, and Confucianism on Japanese Management Practices.* International Journal of Value-Based Management, Niederlande, Vol. 7, 1994, S. 219-226.

RESZAT, Beate: *Binnenwirtschaft, Industrie- und Wirtschaftsstruktur: Charakteristka und Problemfelder* in MAYER, Hans-Jürgen; POHL, Manfred (Hrsg): *Länderbericht Japan, Geographie, Geschichte, Politik, Wirtschaft, Gesellschaft, Kultur.* Darmstadt: Wissenschaftliche Buchgesellschaft, 1995, S. 257-265.

ROTHACHER, Albrecht: *Die Rückkehr der Samurai, Japans Wirtschaft nach der Krise.* Berlin: Springer Verlag, 2007.

SCHEIN, Edgar H.: *Unternehmenskultur, Ein Handbuch für Führungskräfte.* Frankfurt/New York: Campus Verlag, 1995.

SCHLIEPER, Andreas: *Die Nähe fremder Kulturen. Parallelen zwischen Japan und Deutschland.* Frankfurt: Campus Verlag, 1997.

SCHNEIDER, Roland: *Sprache und Schrift.* In: *Länderbericht Japan, Geographie, Geschichte, Politik, Wirtschaft, Gesellschaft, Kultur.* MAYER, Hans Jürgen, POHL, Manfred (Hrsg.), Darmstadt: Wissenschaftliche Buchgesellschaft,1995, S. 463-467.

SCHULTZ, Frederike: *Moral – Kommunikation – Organisation, Funktionen und Implikationen normativer Konzepte und Theorien des 20. Und 21. Jahrhunderts.* Wiesbaden: Springer Verlag, 2011.

STEINMANN, Horst; SCHREYÖGG, Georg: *Management, Grundlagen der Unternehmensführung, Konzepte, Funktionen, Fallstudien.* 3. Aufl. Wiesbaden: Gabler, 1993.

STOCKER, Frank: *Rangliste der Wirtschaftsnationen sortiert sich neu.* Die Welt online, 13. März 2012, http://www.welt.de/finanzen/geldanlage/article13920099/Rangliste-der-Wirtschaftsnationen-sortiert-sich-neu.html, Abgerufen am 10.1.2014.

TEICHLER, Ulrich: *Erziehung und Ausbildung.* In *Länderbericht Japan, Geographie, Geschichte, Politik, Wirtschaft, Gesellschaft, Kultur.* MAYER, Hans Jürgen; POHL, Manfred (Hrsg.), Darmstadt: Wissenschaftliche Buchgesellschaft, 1995, S. 401-408.

TRÄNHARDT, Anna M.: *Soziale Sicherung in Japan.* In *Länderbericht Japan, Geographie, Geschichte, Politik, Wirtschaft, Gesellschaft, Kultur.* MAYER, Hans Jürgen; POHL, Manfred (Hrsg.), Darmstadt: Wissenschaftliche Buchgesellschaft, 1995, S. 426-442.

WEBER, Claudia: *Frauen in Japan; Zwischen Tradition und Aufbrauch.* In *Länderbericht Japan, Geographie, Geschichte, Politik, Wirtschaft, Gesellschaft, Kultur.* MAYER, Hans Jürgen; POHL, Manfred (Hrsg.), Darmstadt: Wissenschaftliche Buchgesellschaft, 1995, S. 408-417.

ZSCHÄPITZ, Holger: *Japans Defizit erreicht unfassbare Dimensionen.* Die Welt online, 9. August 2013, http://www.welt.de/finanzen/article118869119/Japans-Defizit-erreicht-unfassbare-Dimension.html, Abgerufen am 6. Dezember 2013.